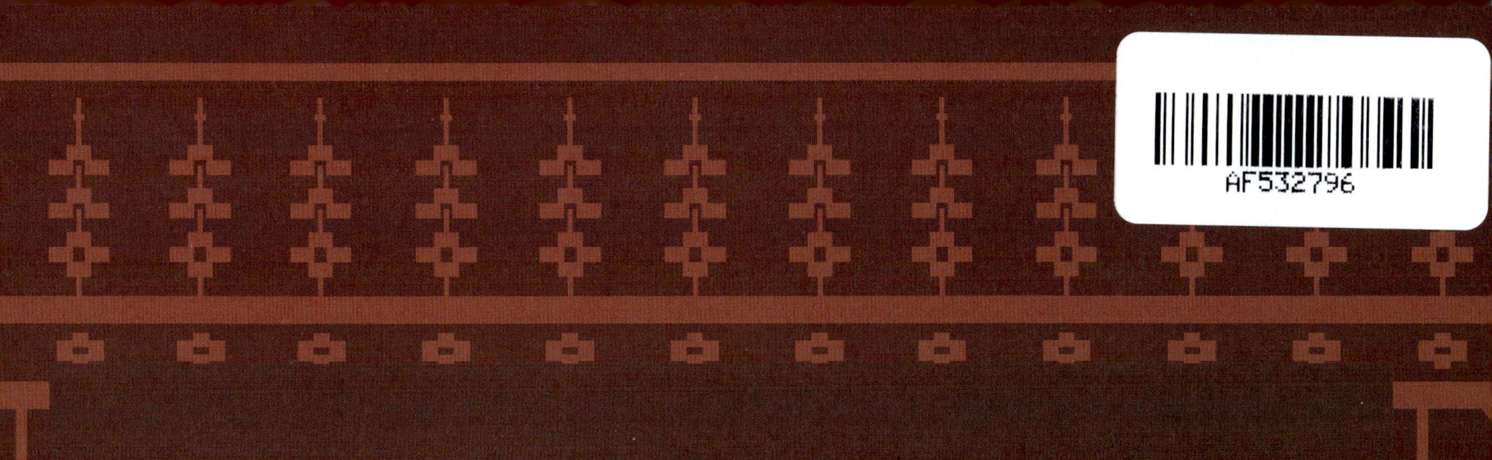

DEIN COSPLAY DEIN STYLE

KOSTÜME UND ACCESSOIRES AUS EVA-FOAM, WORBLA, FIMO & CO

SANIT KLAMCHANUAN

COSPLAYER: Spicythaidesign
KOSTÜM: Warlock from *Destiny*
Foto von Chris Menges

In meinem Fotosstudio
Foto von Josh Groom

DANK

Ich möchte mich gerne bei allen bedanken, die mir dabei geholfen haben, da hinzukommen, wo ich heute bin. Es war ein verrückter, großartiger Ritt, und ich weiß nicht, wo er enden wird, aber ich werde weiter jede Minute dieser Reise genießen.

An all meine Lehrer: Danke, dass Sie Ihr Wissen weitergegeben haben. Ich werde Ihre Weisheit und das Gelernte immer in Ehren halten.

An meine Familie und Freunde: Danke, dass ihr mir immer den Rücken gestärkt, mich geerdet und mir Mut gemacht habt, meiner Leidenschaft nachzugehen.

An Richard und dem Team beim Wētā-Workshop: Ich kann immer noch kaum fassen, dass ich am wunderbarsten Ort der Welt arbeiten darf. Es ist fantastisch, jeden Tag gemeinsam mit euch zur Arbeit zu kommen und tolle Dinge zu tun, die das Leben anderer Menschen verändert haben und immer verändern werden. Ich freue mich auf viele, viele weitere Jahre.

An all meine Maker-Freunde: Ohne die Maker-Community ist es undenkbar, dass ich den Beruf ergriffen hätte, den ich heute ausübe. Danke, dass ihr euer Wissen mit der Welt teilt. Ihr habt alle dazu beigetragen, die Welt besser zu machen, indem ihr die Passion, selbst etwas herzustellen, weiter bestehen lasst.

An Mum und Brian: Danke für alles, was ihr für mich getan habt. Ihr habt all meine Entscheidungen unterstützt, und ich hoffe, dass ihr beide stolz auf mich sein könnt.

An Angela: Danke, dass du für mich da bist. Ich weiß, dass es nicht immer toll ist, wenn ich nächtelang an meinen Projekten sitze, und die Unordnung auszuhalten, die mitten in den Projekten entsteht. Ohne deine Unterstützung könnte ich nicht machen, was ich tue. Du bestärkst mich darin, immer das zu tun, was mich begeistert, und ich möchte, dass du weißt, dass ich das alles für dich und unsere kleine Familie mache. I larb you – hoffentlich bekomme ich keinen Ärger mit Marvel, wenn ich das sage.

INHA

VORWORT

Beim Schreiben dieses Vorwortes habe ich nun schon seit sieben Jahren das große Vergnügen, Sanit Freund und Kollege beim Wētā Workshop nennen zu dürfen. Wenn du dieses Buch gekauft hast, folgst du Sanit vermutlich schon auf seinen diversen Plattformen in den Sozialen Medien und hast schon einen Eindruck davon, was für ein warmherziger, freundlicher, inspirierender und kreativer Mensch er ist. Die besonderen Eigenschaften einer Person lernt man aber erst kennen, wenn man mit ihr zusammenarbeitet, wie meine Kollegen und ich beim Wētā Workshop.

Sanit hat intuitiv verstanden, wie wichtig der kreative Prozess ist und was erforderlich ist, ein Programm zu durchlaufen, um zum Endergebnis zu kommen. Dass man methodisch sein, gut planen und organisieren muss und trotzdem extrem inspiriert, einfallsreich und ständig neugierig sein sollte – all das sind Komponenten, die zusammenspielen müssen, um etwas Bedeutendes, Erfolgreiches mit kreativem Wert zu kreieren. Sanit beweist kontinuierlich, dass ihm das klar ist, wenn er auf pragmatische Weise all seine Arbeiten umsetzt. In seinem Buch schreibt er über seine Philosophien rund um den kreativen Prozess, und er beschreibt, wie er seine besten Fähigkeiten nutzt, um zu erreichen, was er tut.

Sanit hat nie gezögert, sich allen kreativen Herausforderungen, die er von uns bekommt, mit Herzblut zu stellen. Tatsache ist, dass er oft Überstunden macht, auch an den Wochenenden, denn er hat das Bedürfnis, sich zu verbessern und das beste Resultat für das jeweilige Projekt zu erzielen, was auch für seine Hobbys und seine Cosplay-Arbeiten gilt. Ob es sich dabei um ein Malbuch, ein Tutorial für die Wētā Cave, ein Kostüm für eine Con in der Schweiz oder Requisiten für einen Kinofilm handelt, an dem wir mitwirken: Sanit steckt immer mit beiden Händen mitten im Prozess, begeistert von der Chance, und immer bestrebt, etwas möglichst Gutes für das Projekt zu leisten.

Sein großzügiges Naturell und seine Liebenswürdigkeit, gepaart mit seinem ständig wachsenden Talent, haben Sanit den Weg in eine reiche, befriedigende Karriere geebnet, in der er jetzt die Möglichkeit hat, sein Wissen mit seinen Tutorials und diesem Buch weiterzugeben und damit auch andere zu inspirieren, in seine Fußstapfen zu treten.

Richard Taylor
Kreativdirektor beim Wētā Workshop

VORSTELLUNG

Hallo zusammen!
Mein Name ist Sanit Klamchanuan, in der Cosplay- und Makerszene als Spicythaidesign bekannt.

Meine Hoffnung ist, dass dieses Buch dich inspiriert, die künstlerische Seite des Kostümemachens zu entdecken und dich davor zu bewahren, die gleichen Cosplays zu wiederholen wie alle anderen. Ich zeige dir, wie du deinen Projekten eine persönliche Note gibst und etwas herstellen kannst, das dir persönlich etwas bedeutet. Deine Lieblingsfarbe, ein Element aus deiner Kultur oder jedes beliebige Element, das deine Kostüme und Requisiten persönlicher macht, wird dich in der Menge auffallen lassen und dir vor allen Dingen Spaß bringen.

Ich gebe gern meinen Kostümen eine persönliche Note. Das kann ein Redesign sein oder es können kleine Veränderungen an einem Kostüm sein, die es besser tragbar machen, oder etwas Thailändisches. Meine jungen Jahre und meine Erfahrungen beim Aufwachsen haben die Art und Weise beeinflusst, wie ich meine Kostüme designe und herstelle. Mein Prozess passt zu mir. Du kannst es gerne ausprobieren, aber ich möchte dich ermutigen, deinen eigenen Weg zu finden.

MEINE FRÜHEN JAHRE

Frühe Zeichnung *Der Anfang*, bei der ich die thailändische Naga als Metapher für meine Familie benutze, mit meiner Geburt als Ursprung

Ich bin in einer kleinen Stadt in Thailand geboren und wuchs in dem Salon auf, in dem meine Mutter Friseurin war. Als Alleinerziehende musste sie viel arbeiten, und da ich Einzelkind war, lernte ich, mich alleine zu beschäftigen.

Wenn meine Mutter lange arbeiten musste, passten meine Großeltern und meine Tante auf mich auf. Meine Großeltern waren sehr unterschiedlich. Ich war ihr erster Enkel, und auch ein paar Jahre lang der einzige, also verwöhnte mich meine Oma. Mein Opa war etwas strenger und hielt mich immer dazu an, mich zu verbessern. Er war streng, erklärte mir aber immer, warum, und jetzt, nach seinem Tod, weiß ich die viele Zeit, die wir zusammen verbracht haben, und all das Wissen, das er an mich weitergab, sehr zu schätzen.

Mein Großvater war Halbchinese und ein wahrer Kaufmann. Selbst weit in seinen 80ern zog er immer noch mit seinem Lastenfahrrad los, um auf dem Markt Bananen und Gemüse zu verkaufen, die er hier und dort am Straßenrand gepflanzt und gezogen hatte. Zu sehen, wie fleißig meine Großeltern und meine Mutter waren, hat mir die Einstellung vermittelt, dass das Leben nicht leicht ist und dass man sich anstrengen muss, um das zu bekommen, was man will. Das ist wahrscheinlich der Grund, warum ich mich nie vor viel Arbeit gescheut habe – im Gegenteil. Ich liebe es, viel zu tun zu haben! Ich mag die Herausforderung und den Termindruck, denn dann entstehen meine besten Arbeiten.

Als Kind hatte ich nicht viele Spielsachen. Meine Mutter kaufte nur didaktisches Spielzeug, aber manchmal bekam ich von Freunden gebrauchte Sachen geschenkt. Das waren dann meist Dinge, die sie nicht mehr haben wollten, zum Beispiel Actionfiguren, denen ein Arm oder ein Bein fehlte, aber ich mochte sie, denn ich konnte ihnen neue oder bessere Glieder aus Knete geben.

Ich kann mit Stolz sagen, dass ich viel Phantasie habe. Ich glaube zwar, dass sie teils angeboren ist, aber sie wurde förmlich gezündet durch die Zeichentrickfilme, Filme und Fernsehserien, die ich so gerne schaute. Meine Mutter sagt, ich sei wie hypnotisiert gewesen und hätte mit offenem Mund und aufgerissenen Augen zugesehen. Ich nahm alles auf: Die Geschichte, die Charaktere und natürlich die Action. Nach den Sendungen setzte ich mich hin und zeichnete die Charaktere und meine Lieblingsszenen nach.

Schau mal, das bin ich am Telefon bei der Terminvergabe! Ich bin aber ziemlich sicher, dass ich nur so tat, als würde ich telefonieren.

Als kleines Kind wollte ich zum Militär, später wollte ich Polizist werden, aber nachdem ich Mangas wie Dragon Ball, Doraemon und Ultraman kennen gelernt hatte, wollte ich Comiczeichner werden. Den ganzen Tag nur zu zeichnen schien mir wie ein Traum. Ich dachte mir tolle Charaktere und Geschichten aus, bei denen der Held den Tag rettet. Am meisten begeisterte mich Saint Seiya. Diesen Manga habe ich vor allem wegen der Rüstung geliebt, die es in zwei Formen gab. Für sich genommen hatte sie die Form eines Tiers, normalerweise an ein Sternzeichen angelehnt. Zum Beispiel ist der Krabbenpanzer eine Interpretation des Sternzeichens Krebs, aber wenn er von einer Person getragen wurde, verwandelte er sich in eine Rüstung. Alle Rüstungen hatten ihren eigenen, einzigartigen Look, und ich habe oft davon geträumt, so eine Rüstung zu besitzen. Wie man sie herstellt, weiß ich erst heute. Sie steht immer noch auf meiner Wunschliste. Ich werde sie sicher eines Tages machen.

Mit sechs Jahren war ich das erste Mal im Kino – meine Tante ist mit mir in Superman IV gegangen. Ich erinnere mich, dass ich danach nach Hause kam und mir einen Frisierumhang um die Schultern hängte, ein »S« auf ein Stück Papier malte und es auf mein T-Shirt klebte und mich dann aufs Sofa vor einen Ventilator legte und so tat, als würde ich fliegen. Das zählt wahrscheinlich als mein erstes Cosplay, oder? Ich war angesteckt. Danach war ich so oft wie möglich im Kino. Nichts geht über Filme auf der großen Leinwand, umgeben von Sound, und darüber, sich zu ärgern, dass man kein größeres Getränk genommen hat, weil der Mund vom salzigen Popcorn ganz trocken ist.

VON THAILAND NACH NEUSEELAND

Mit neun Jahren zog ich nach Neuseeland, ein turbulenter Übergang. Als wir Thailand verließen, war es dort Hochsommer mit Temperaturen von bis zu 39 °C. Wir landeten in Wellington, Neuseeland. Über Wellington muss man wissen, dass es extrem windig werden kann! Manchmal so sehr, dass man sich festhalten muss, wenn man nicht weggeweht werden will. Es war eine sehr holperige Landung, besonders für einen ersten Flug, und ich war sicher, dass ich sterben müsste. Nachdem wir die Landung überlebt hatten, fuhren wir durch die vielen gewundenen, schmalen Straßen der Vororte von Wellington zu unserem neuen Zuhause, und ja, ich musste mich übergeben.

Nach Neuseeland zu ziehen war ein neues Abenteuer, aber damals mit neun Jahren war mir nicht klar, was auf mich zukam. Dass ich kaum Englisch verstand, machte es nicht einfacher, und es fiel mir schwer, mich einzugewöhnen. Damals gab es dort kaum asiatische Kinder an der Schule, also wurde ich neben Natalie gesetzt, ein Mädchen, das halb Thai war. Mir tut es bis heute leid, dass sie sich damals von einer ihrer besten Freundinnen weg neben jemanden setzen musste, den sie gar nicht kannte. Wir hatten es am Anfang nicht leicht, aber dann lernten wir uns besser kennen, und heute ist sie eine meiner engsten Freundinnen.

Manchmal wurde ich gemobbt. Da ich klein und dünn war und kaum Freunde hatte, hatten es die größeren, älteren Jungs auf mich abgesehen. Sie schubsten mich rum und beschimpften mich, aber da ich noch nicht gut Englisch konnte, wusste ich nicht so genau, was sie sagten. Ich wurde zu einem ernsten Kind. Oft nahm ich mir Dinge zu Herzen und war schnell aufgebracht, und ich mochte keine Scherze, weil ich nie sicher sein konnte, ob meine Klassenkameraden mit mir oder über mich lachten.

Ich nahm mir vor, einen Weg zu finden, dass das aufhören würde. Mit der Zeit wurde mein Englisch besser, und ich fing an, selbst Scherze zu machen. Wahrscheinlich wirkte ich dadurch locker, als würde ich mich selbst nicht allzu ernst nehmen. In Wirklichkeit hatte ich aber immer Angst, dass andere sich über mich lustig machen würden, wenn der erste Scherz nicht von mir kam.

Damals begann ich, meine thailändische Identität abzulegen. Andere sahen einen Thai-Jungen, wenn sie mich anschauten, aber dieses Image wollte ich loswerden. Ich wollte ein Kiwi sein. Ich vermied allzu asiatische Kleidung und bat sogar darum, dass wir zu Hause Englisch sprachen. Das hat meiner Mutter sicher Kummer gemacht, und sie sagte natürlich Nein. Rückblickend bin ich froh, dass sie sich geweigert und weiter Thai mit mir gesprochen hat, sonst würde ich die Sprache heute nicht mehr verstehen, und das wäre ein großer Verlust.

Eine frühe Skizze, meine Interpretation der Saint-Sagittarius-Rüstung aus *Saint Seiya*

In dieser Zeit lernte ich neue Zeichentrickserien kennen wie Transformers, Teenage Mutant Ninja Turtles und Captain Planet. Die Liste ist lang, aber besonders beeindruckten mich damals die Power Rangers. Obwohl die Serie mich an ähnliche thailändische Produktionen wie Kamen Rider und Ultraman erinnerte, waren die Power Rangers anders. Diese Charaktere waren Teenager an der Highschool und hatten ähnliche Probleme wie ich. Anders als ich konnten sie sich in Superhelden verwandeln, die triumphierten. Mein Favorit war der Red Ranger – nicht, weil er der Anführer war, sondern weil er super selbstbewusst war und immer cool blieb, wenn er es mit Feinden zu tun bekam. Damals habe ich oft auf dem Spielplatz Red Ranger gespielt.

COSPLAYER: Spicythaidesign

KOSTÜM: Red Ranger aus *Power Rangers*

In dem Red-Ranger-Kostüm, das ich mir zum 40. Geburtstag gemacht habe

Foto von Peter Iti von Kohika Creative

Von der Phantasie zur Wirklichkeit

Hier mache ich einen kleinen Zeitsprung zum Jahr 2017. Ich war kurz vor dem Aufbruch in die USA zur PAX West und zur Dragon Con. Beim Verabschieden vom Chef sah ich eine Abbildung von fünf Helden in Rot, Blau, Schwarz, Gelb und Rosa. Ich fragte den Chef: »Sind das etwa die *Power Rangers?* Arbeiten wir daran?« Er bejahte. Ich bat darum, in der Kostümabteilung an diesem Projekt arbeiten zu dürfen, sobald ich von der Reise wieder zurück war. Ich war damals erst zwei Jahre bei Wētā und verbrachte den Großteil meiner Zeit im Lackierungsraum und in der Zurichtungsabteilung. Meine Kollegen wussten, dass ich in meiner Freizeit dem Cosplay-Hobby nachging, und als ich wiederkam, wurde ich in den Kostümraum bestellt. Für mich ging ein Traum in Erfüllung, als ich an dem Power-Rangers-Remake von 2017 arbeiten durfte. Mein inneres, 10 Jahre altes Ich hüpfte vor Begeisterung.

Meine Aufgabe war damals, alle Schaumstoff-Prototypen für die Powersuits herzustellen, und mein erster war der Anzug des Red Ranger. Ich bin sicher, dass ich gestrahlt habe wie ein Honigkuchenpferd. Einer der coolsten Aspekte dieses Jobs war, dass ich die ganzen Kampfspuren am Green Ranger erschaffen durfte. Ich bekam ein wunderschönes Stück von dem grünen Panzer und musste ihn kaputtmachen. Ist es schlimm, wenn ich sage, dass ich einen Riesenspaß dabei hatte?

Als Junge war mein Ziel nach wie vor, Comiczeichner werden. Ich stellte es mir supercool vor, das beruflich zu machen, da ich schon so unendlich viel Zeichentrick gesehen hatte. Ich zeichnete leidenschaftlich gern und auch so viel wie möglich – selbst in meine Mathebücher. Ich belegte alle Kunstkurse, die es in Wellington gab: Malen, Drucktechnik und Design. Meine Lehrer, Tim Costeloe und Nic Scotland, waren unglaublich ermutigend. Sie redeten uns immer zu, Neues auszuprobieren, und versicherten uns, dass man als Künstler eine Karriere aufbauen kann. Ich erinnere mich, dass sie im letzten Schuljahr oft nach der Arbeit länger blieben und uns am Wochenende dabei halfen, unsere Mappen fertigzustellen.

NÄCHSTER HALT: KUNSTHOCHSCHULE

Nach der Highschool besuchte ich die Whanganui Polytech Fine Arts School (heute UCOL), vier Stunden außerhalb von Wellington. Ich war begeistert, das erste Mal von zu Hause wegzukommen, in einer anderen Stadt zu leben und mit anderen Gleichaltrigen zusammen zu leben.

Whanganui war der perfekte Ort für mich. Das Kunstprogramm genießt einen guten Ruf in Neuseeland, aber ich hatte mich vorwiegend dafür entschieden, weil ich im dritten Studienjahr eine Druckerpresse bauen durfte. Im ersten Jahr konnte ich alles ausprobieren, Malerei, Drucktechnik, Fotografie, Bildhauerei und Glasbläserei.

Obwohl ich an der Kunsthochschule war, sah ich mich nicht primär als Künstler. Es machte mir Freude, Kunst zu gestalten, aber darüber sprechen konnte ich nicht. Ich zeichnete Dinge, weil ich sie cool fand und sie zeichnen wollte. Einen tieferen Sinn hatten meine Arbeiten nicht. Ich erinnere mich an meine erste Aufgabe in Malerei. Wir sollten drei Gemälde erschaffen, alles andere war beliebig. Mein erstes Gemälde zeigte die Beatles, da ich ihre Musik mochte. Das zweite war ein Porträt, das mich, meine Mum und Brian, meinen Stiefvater, zeigte, weil ich es ihnen gern schenken wollte. Das dritte war ein Gemälde von einer Schattengestalt, und das hatte tatsächlich eine kleine Hintergrundgeschichte.

Im ersten Studienjahr wohnte ich im Studentenwohnheim. Mein Zimmer lag in der obersten Etage eines dreistöckigen Gebäudes. Eines Abends schaltete ich beim nach oben Laufen das Licht an. Dabei sah ich einen Schatten in mein Zimmer huschen. Ich dachte mir nichts dabei, aber als ich am gleichen Abend meinen Mitbewohnern von dem Schatten erzählte, hörten sie auf zu essen und sahen mich erschrocken an. Sie erzählten mir, dass die letzte Person, die mein Zimmer bewohnt hatte, sich vor einen Zug geworfen hatte und gestorben war. Mir stehen jetzt noch die Haare zu Berge, wenn ich daran denke!

Aber trotzdem war auch dieses letzte Gemälde kein echtes Kunstwerk. Als ich es meinen Tutoren zeigte und gefragt wurde, warum ich diese Farben ausgewählt hatte, war meine Antwort, dass ich keine anderen hatte!

Bei der Übergabe meines Diploms an der Whanganui Polytech 2014. von links nach rechts: Angela, ich, Mum und Brian

In den ersten zwei Jahren meines Kunststudiums hatte ich Mühe, eine Bedeutung oder Geschichten zu finden, die ich mit meiner Kunst vermitteln wollte. Ich malte und zeichnete einfach beliebte Motive. Als Abschlussarbeit des Seminars in Drucktechnik im zweiten Jahr habe ich sogar einen riesigen Comic erstellt.

Erst mit 21 war ich in der Lage, meiner Kunst eine Bedeutung zu geben. Man kann sagen, dass ich den Grund gefunden hatte, warum ich Kunst kreieren wollte, und das war, weil ich meine thailändische Herkunft zelebrieren wollte. In der thailändischen Kultur werden junge Männer mit 21 Jahren eine Weile Mönche. Es ist ein Initiationsritus auf dem Weg, ein Mann zu werden. In meiner Zeit als Mönch begriff ich, wie großartig die thailändische Kultur ist. Ich hatte so sehr versucht, ein Kiwi zu werden, dass ich dabei meine eigene Kultur aus den Augen verloren hatte. Im Tempel zu sein, zu meditieren und zu beten brachte mich wieder in Kontakt mit mir selbst. Ich muss nicht einfach nur ein Kiwi sein. Ich kann auch Thailänder sein. Ich habe das Beste aus zwei Welten.

Einige größere Comic-Drucke

Beim Antritt meines Lebens als Mönch. Von links nach rechts: Mein Stiefvater, mein Großvater, ich, mein Onkel, meine Großmutter und meine Mum

Dieses Stück aus meiner ersten Ausstellung, »Kiwi Thai« stellt meine Mutter als Naga dar, die bei ihrem Aufbruch nach Neuseeland von einem Garuda gefangen wird.

Nach diesem Selbsterfahrungs-Trip entwickelte sich meine Kunst endlich weiter. Ich kopierte nicht länger japanische und amerikanische Comiczeichner. Stattdessen integrierte ich thailändische Symbole in meine Bilder und erzählte Geschichten, die ich wirklich erzählen wollte. Ich hatte Drucktechnik als Hauptfach, und das kam mir jetzt sehr gelegen! Ich fing klein an und zeigte die einfache Idee, dass eigentlich alle Menschen Masken tragen. Wenn man jemanden kennenlernt, sieht man oft die Person, als die er oder sie gerne gesehen werden will. Um diese Botschaft zu vermitteln, benutzte ich Bilder von jemandem, der eine Ramakien-Maske trägt, um sein Gesicht zu verbergen.

Meine erste Einzelausstellung, »Kiwi Thai«, zeigte meine eigene Geschichte. Ich benutzte die thailändische Naga als Symbol, die in der thailändischen Tradition als schlangenartige Kreatur buddhistische Tempelanlagen oder Klöster bewacht.

Mit der Naga als Metapher für meine Familie begann ich mit meiner Geburt, wie auf dem Bild *Der Ursprung* auf Seite 8. Auf einem anderen Druck trägt die Naga eine Taniwha-Maske (eine Kreatur der Maori-Tradition) und tut so, als sei sie Maori, als Sinnbild für meine Bemühungen, mich einzufügen. Das letzte Werk war eine Naga ohne Maske, als Sinnbild dafür, dass ich damit Frieden geschlossen hatte, wer ich bin. Mit dieser Ausstellung wurde ich erst so richtig ich selbst.

Diese Skulptur bewacht den Eingang zu einem Tempel.

Foto von Yothin Chankale

MEIN ZUGANG ZUM COSPLAY

Ich hatte damals einen Job im Vertrieb. Obwohl ich gut darin war, wollte ich dort nicht bleiben. Mein größter Wunsch war, etwas anderes zu tun, und der große Erfolg meiner ersten Ausstellung ermutigte mich, weiterzumachen. Ich begann, zu zeichnen. Ich hatte *Herr der Ringe* geliebt und bedauerte, mich nicht gleich nach der Highschool beim Wētā Workshop beworben zu haben. Wētā war für die Herstellungen der Rüstungen, Kostüme, Kreaturen und vielem mehr verantwortlich, was diese Filme zum Leben erweckt hatte. Damals sah ich einen thailändischen Film, *King Naresuan*, den ersten Film aus Thailand, der mich wirklich beeindruckte. Mir gefielen die Designs der Kostüme, Rüstungen und Kulissen. Später erfuhr ich, dass jemand von Wētā nach Thailand entsandt worden war, um an diesem Film mitzuarbeiten. *King Naresuan* und *Herr der Ringe* inspirierten mich zu meinen ersten Entwürfen für das, was später mein Thai-Rüstungs-Kostüm werden sollte.

Die erste Bleistiftskizze meiner Thai-Rüstung

Mein erstes Kostüm stellte ich 2012 für eine Weihnachtsfeier bei der Arbeit her. Das Thema war Superhelden, und ich war Judge Dredd. Zu diesem Zeitpunkt hatte ich noch keine Ahnung vom Kostümemachen, aber ich sah mir die Arbeit anderer auf Google und YouTube an. Da ich nicht nähen konnte, bastelte ich die Lederjacke aus Panzerklebeband. Der Helm bestand aus einem billigen Armeehelm aus dem 2$-Laden, den ich mit Kreppband beklebte. Aus heutiger Sicht ist es ziemlich schlecht, aber ich musste ja irgendwo anfangen, oder?

COSPLAYER: Spicythaidesign

KOSTÜM: Judge Dredd aus Dredd

In meinem allerersten Kostüm als Judge Dredd

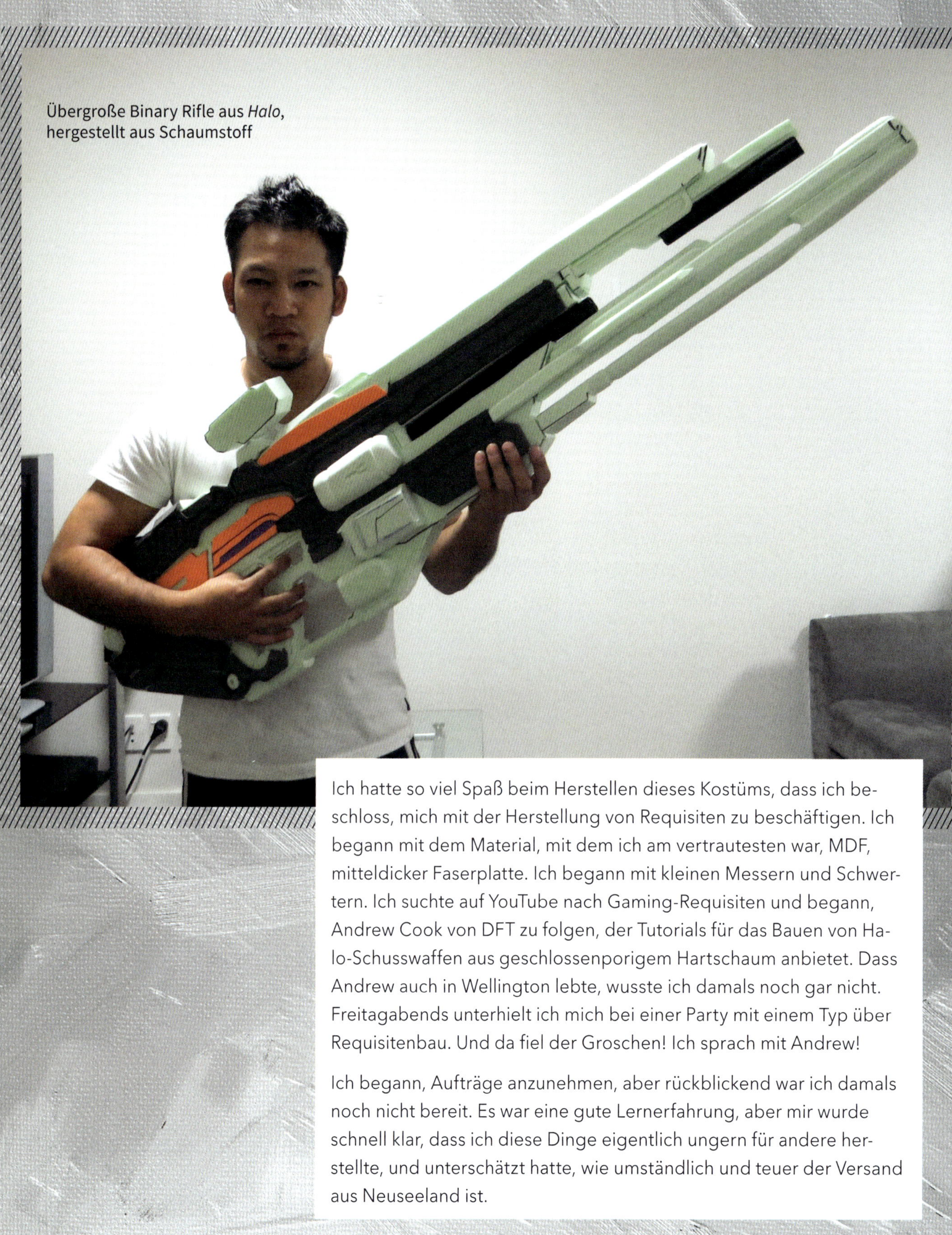

Übergroße Binary Rifle aus *Halo*, hergestellt aus Schaumstoff

Ich hatte so viel Spaß beim Herstellen dieses Kostüms, dass ich beschloss, mich mit der Herstellung von Requisiten zu beschäftigen. Ich begann mit dem Material, mit dem ich am vertrautesten war, MDF, mitteldicker Faserplatte. Ich begann mit kleinen Messern und Schwertern. Ich suchte auf YouTube nach Gaming-Requisiten und begann, Andrew Cook von DFT zu folgen, der Tutorials für das Bauen von Halo-Schusswaffen aus geschlossenporigem Hartschaum anbietet. Dass Andrew auch in Wellington lebte, wusste ich damals noch gar nicht. Freitagabends unterhielt ich mich bei einer Party mit einem Typ über Requisitenbau. Und da fiel der Groschen! Ich sprach mit Andrew!

Ich begann, Aufträge anzunehmen, aber rückblickend war ich damals noch nicht bereit. Es war eine gute Lernerfahrung, aber mir wurde schnell klar, dass ich diese Dinge eigentlich ungern für andere herstellte, und unterschätzt hatte, wie umständlich und teuer der Versand aus Neuseeland ist.

Ich beschloss, zu den Skizzen zurückzukehren und fand heraus, dass White Cloud Worlds, eine Gruppe bedeutender neuseeländischer Zeichenkünstler, Kurse anbot, die von Paul Tobin unterrichtet wurden, einem der Seniordesigner beim Wētā Workshop. In den White Cloud Worlds von Paul Tobin und Warren Mahy zu lernen, die beide Weltklasse-Designer bei Wētā sind, half mir sehr, meine Ideen zu zeichnen. Sie spornten mein Denken an und ermöglichten mir, mich zu verbessern. Aber trotz sehr guter Rückmeldungen, die meine Zeichenkunst besser machten, hatte ich immer noch das Gefühl, dass die Zeichnungen noch nicht ganz richtig waren.

Damals traf ich Kim und Warren Beaton, die Erfinder von Pal Tiya, einer wetterfesten, sehr stabilen und einfach zu bearbeitenden Masse für Skulpturen. Du solltest sie unbedingt mal ausprobieren. Ich meldete mich auf eine ihrer Annoncen und half ein paar Tage bei der Herstellung einer Drachenskulptur aus. Als ich Kim und Warren ein paar meiner Arbeiten zeigte, wiesen sie mich auf ein paar Stellen hin, die bei einer Rüstung nicht funktional sein würden. Meine Skizze würde die Rüstungen zu sperrig machen, und wenn jemand sie tragen würde, könnte er sich nicht darin bewegen.

Inspiriert von meiner Arbeit bei Kim und Warren baute ich meiner Mum zum 60. Geburtstag eine 1 x 3 m große thailändische Naga.

Ich beschloss, dass ich ein Kostüm herstellen musste, wenn ich jemals besser werden wollte. Dabei würde mir klar werden, wie Rüstungen funktionieren. Während meiner Arbeit bei Pal Tiya lernte ich die Sowters kennen, die mich mit Armageddon in Kontakt brachten (nicht dem Ende der Welt, sondern einer neuseeländischen Convention für Popkultur). Die Sowters hatten dort einen Stand, und ich bot an, ehrenamtlich zu helfen. Ich beschloss, diese Convention als Deadline für mein erstes Cosplay-Kostüm zu nehmen.

KOSTÜM: Eigene Rüstung mit Thai-Ästhetik, inspiriert von *Halo*

Ja, ich habe dieser von *Halo* inspirierten Rüstung eine thailändische Anmutung gegeben.

Das war das erste Mal, dass ich im Kostüm an einer Convention teilnahm, und die Erfahrung öffnete mir die Augen. Ich will ehrlich sein: Davor dachte ich immer, dass Cosplayer sonderbar waren – sie liefen rum und taten so, als seien sie jemand anderes. Aber heute bin ich einer von euch! Bis 2013 hatte ich keine Ahnung, was Cosplay eigentlich ist. Ich hatte im Internet Fotos gesehen, aber obwohl ich Filme und Comics mochte, machte mir die Vorstellung, in der Öffentlichkeit im Kostüm herumzulaufen, Angst.

Als ich begann, zum Spaß Requisiten anzufertigen, entwickelte ich aber Verständnis und Bewunderung für alle, die den Mut hatten, dort im Kostüm aufzutreten. Die Kunstfertigkeit und die Zeit, die sie in ihre Kunst gesteckt hatten, waren großartig, und ich bewunderte, wie genau sie recherchiert hatten, um sicherzugehen, dass das, was sie herstellten, genau dem entsprach, was sie in Filmen oder Spielen gesehen hatten.

Die Tochter der Sowters arbeitete damals beim Wētā Workshop, und sie erzählte mir, dass für die Arbeit an einem Film jemand gebraucht würde. Ich bewarb mich, und nach einem Monat Wartezeit bekam ich schließlich meine Chance! Ich wurde für vier Tage gebucht und sollte beim Lackieren für den Film Spectral aushelfen. Meine Aufgabe war es, Kostüme abzukleben, die später von erfahreneren Malern lackiert werden sollten. Einer von ihnen war eines Morgens etwas gestresst, weil er zu viel zu tun hatte, also nutzte ich die Gelegenheit und fragte, ob ich beim Lackieren helfen konnte. Und da stand ich also an meinem zweiten Tag beim Schleifen und Lackieren von Requisiten für die Helden! Ein perfektes Beispiel dafür, dass man auf sich aufmerksam machen sollte, um zu zeigen, dass man interessiert ist. Man kann nie wissen, was passiert.

INSPIRATION DURCH TV,

ZEICHENTRICK UND FILM

COSPLAYER: Spicythaidesign
KOSTÜM: Nova von Marvel

Foto von Sylvie Kirkman

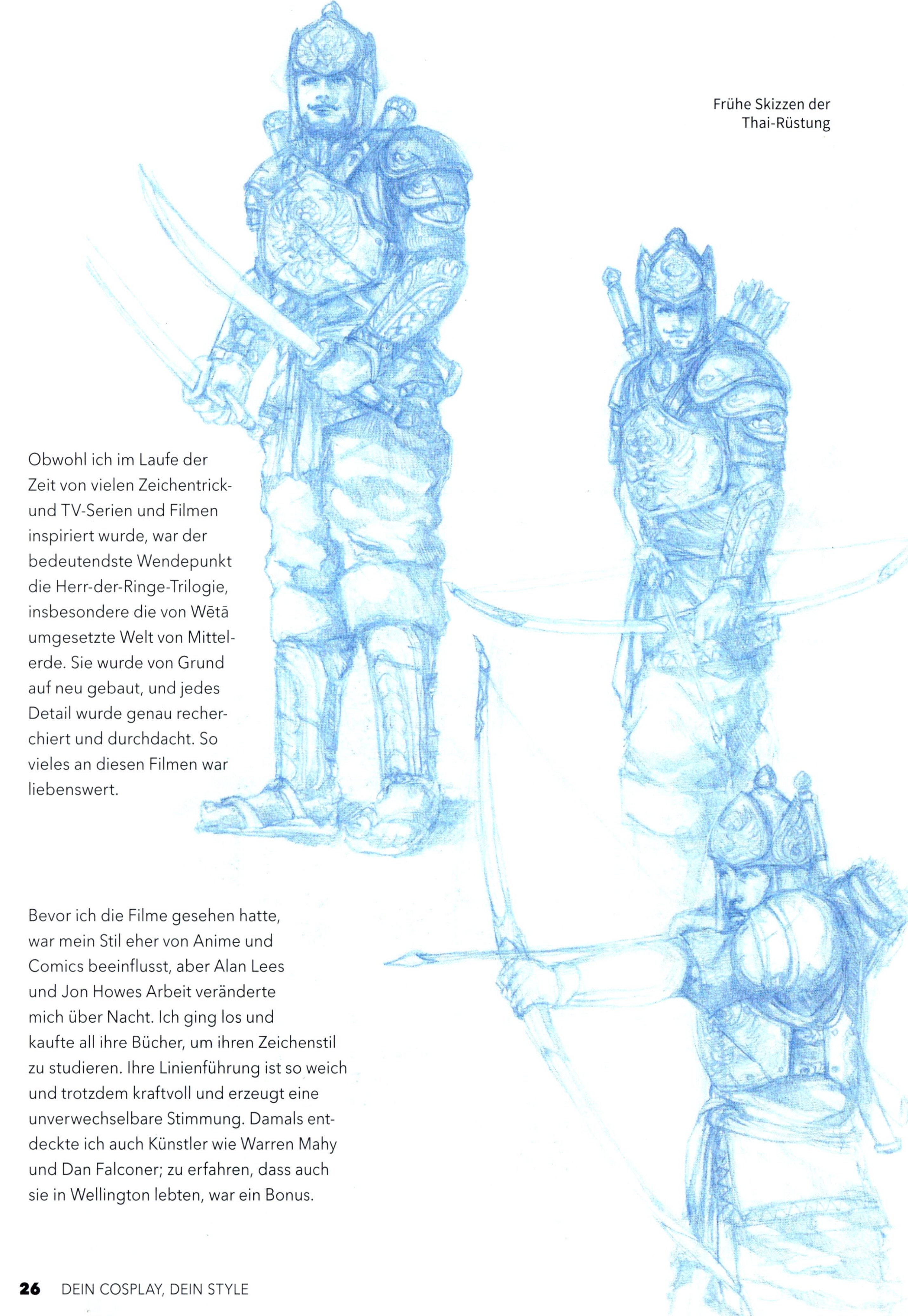

Frühe Skizzen der Thai-Rüstung

Obwohl ich im Laufe der Zeit von vielen Zeichentrick- und TV-Serien und Filmen inspiriert wurde, war der bedeutendste Wendepunkt die Herr-der-Ringe-Trilogie, insbesondere die von Wētā umgesetzte Welt von Mittelerde. Sie wurde von Grund auf neu gebaut, und jedes Detail wurde genau recherchiert und durchdacht. So vieles an diesen Filmen war liebenswert.

Bevor ich die Filme gesehen hatte, war mein Stil eher von Anime und Comics beeinflusst, aber Alan Lees und Jon Howes Arbeit veränderte mich über Nacht. Ich ging los und kaufte all ihre Bücher, um ihren Zeichenstil zu studieren. Ihre Linienführung ist so weich und trotzdem kraftvoll und erzeugt eine unverwechselbare Stimmung. Damals entdeckte ich auch Künstler wie Warren Mahy und Dan Falconer; zu erfahren, dass auch sie in Wellington lebten, war ein Bonus.

Ich begann, meine Thai-Rüstung im Stil von Herr der Ringe zu zeichnen. Dies brachte mich dazu, darüber nachzudenken, was der Hintergrund des Kostüms eigentlich war. Wo kam es her? War die Rüstung ein Erbstück? Welches Material wurde dafür verwendet und warum? Ich wollte mein Kostüm von innen heraus konstruieren – alle Schichten designen und mir dabei vorstellen, wie sie in der Bewegung aussehen würde.

Als meine vier Tage bei Wētā um waren, war ich betrübt. Obwohl ich glücklich war, diese Gelegenheit bekommen zu haben, war ich traurig, dass es vielleicht die letzte gewesen sein könnte. Als ich an meinem letzten Tag aufbrechen wollte, sah Richard Taylor, der Gründer und Miteigentümer, mich gehen und fragte, ob er kurz mit mir reden könnte. Warren Beaton, der Erfinder von Pal Tiya, hatte Richard Fotos von meiner Naga aus Pal Tiya zugeschickt. Richard fragte, ob ich nicht bleiben wollte, um an einem Projekt aus Pal Tiya mitzuarbeiten. Ich sagte natürlich zu. Meine Liebe zu Comics und Filmen hatte mich Schritt für Schritt zu dem geführt, was meine Karriere werden sollte.

MEINE MAKER-HELDEN

Warren Beaton unterhält seine Fans und zeigt, wie man aus Alufolie Skulpturen herstellt

Einige Menschen möchte ich besonders herausstellen, denn ohne sie würde ich heute nicht tun, was ich tue. Manche von ihnen sind meine Vorbilder aus der Maker-Community, die den Weg geebnet haben, auf dem ich ihnen heute folge. Diese Maker haben mich über die Jahre immer wieder angeleitet. Sie haben mich unmittelbar zu dem Maker werden lassen, der ich heute bin.

Ich habe ein Riesenglück, Warren und Kim Beaton als Mentoren zu haben. Beide sind passionierte Maker und arbeiten schon seit langer Zeit beim Film. Warren hat an vielen Kultserien und -filmen mitgearbeitet, unter anderem Matrix, Mighty Morphin Power Rangers: der Film, Ultraman und Herr der Ringe, um nur einige zu nennen. Kim hat an Der Hobbit mitgearbeitet. Sie sind immer direkt. Wenn sie das Gefühl haben, dass eine Idee nicht so toll ist, haben sie keine Scheu, das auch zu sagen. Ich bin wirklich gern mit ihnen zusammen, höre Geschichte von Warrens früheren Produktionen und arbeite mit Kim an Pal Tiya-Skulpturen. Ohne ihre fortwährende Ermutigung und ihr Drängen, das Beste aus mir herauszuholen, hätte ich den Job beim Wētā Workshop nicht bekommen.

Mit Kim und der neuesten Pal-Tiya-Skulptur im Tischformat, mit thailändischer Naga und Garuda-Symbolik

Sir Richard Taylor, Kreativdirektor beim Wētā Workshop

Foto von Wētā Workshop

Als ich Richard Taylor und seine Frau Tina besser kennenlernte, war ich verblüfft, wie freundlich und zugänglich sie waren. Sie sind große Namen in der neuseeländischen Filmindustrie, aber extrem bodenständige Menschen. Eine Geschichte fällt mir zu ihnen ein: Eines Tages, als ich abends meine Sachen zusammenpackte, schneite Richard mit zwei Rucksack-Touristen herein. Er sagte, er habe sie auf der Heimfahrt im Regen an der Bushaltestelle aufgesammelt und ihnen angeboten, sie mit in die Stadt zu nehmen. Als ihnen klar wurde, wer sie da mitgenommen hatte, stellte sich heraus, dass sie große Fans des Wētā Workshop waren. Und Richard kehrte nochmal um, um sie selbst durch die Firma zu führen. Cooler Typ, oder? Bei dieser Gelegenheit möchte ich mich bei Richard bedanken, dass ich die Chance bekam, bei Wētā zu bleiben, und für die Unterstützung, die ich persönlich und für meine Arbeit von ihm bekomme.

Meine Kollegen bei Wētā waren manchmal meine wichtigsten Inspirationsquellen. Im Laufe der letzten sieben Jahre habe ich unendlich viel gelernt. Ich lerne an jedem Arbeitstag dazu. Um nur ein Beispiel zu nennen: Von Bryce Curtis habe ich gelernt, mit geschlossenporigem Polyethylen-Schaumstoff umzugehen, den wir im Workshop schwarzer Schaum nennen. In meiner Anfangszeit bei Wētā arbeitete ich für den Eigenbedarf an einer Rüstung für einen Zwerg aus Erebor. Ich hatte versucht, den Helm aus EVA-Schaumstoff zu machen, aber Bryce schlug mir stattdessen schwarzen Schaum als geeigneteres Material vor. Ich bin überzeugt, ohne diesen frühen Tipp von Bryce würde ich heute nicht tun, was ich tue.

Bryce, auch Meister des Schwarzen Schaums genannt, als er mir half, mich für eine Arbeitsveranstaltung fertigzumachen. Auf dem Foto trage ich mein Erebor-Zwergenkostüm, inspiriert von *Der Hobbit*.

ONLINE-EINFLÜSSE

Auch online gibt es eine ganze Reihe talentierter Maker und Künstler, die dort ihre Arbeiten und ihr Fachwissen teilen. Andrew Cook, online als Andrew DFT bekannt, ist ein neuseeländischer Maker. Er war der erste Cosplay-Maker, dem ich folgte. Andrew stellt seine Waffen hauptsächlich aus geschlossenporigem Styropor mithilfe eines kleinen Schnitzmessers her. Dann schleift er sie ab und lackiert sie mit Acrylfarbe. Da ich damals in einer 1-Zimmerwohnung lebte, waren seine Techniken perfekt für mich.

Andrew DFT mit einem Covenant-Karabinergewehr aus *Halo*

Foto von Andrew Cook

Etwa um die gleiche Zeit stieß ich auch auf Bill Doran von Punishing Props. In seinen Videos arbeitet er vorwiegend mit MDF, seiner Spezialität. Seine Tutorials sind leicht verständlich, und er bietet oft Blaupausen zum Mitmachen an. In seiner Anfangszeit filmte seine Frau Britt. Inzwischen kenne ich die beiden gut und mag ihre Projekte genau so gerne wie Bills MDF-Konstruktionen. 2017, als ich eine Weile bei Eric Jones von Coregeek Creations wohnte, haben wir die beiden besucht, als sie gerade dabei waren, ihren Requisiten für die BlizzCon den letzten Schliff zu geben. Wir kamen gegen 23 Uhr mit Pizza vorbei, und Eric und ich halfen ihnen, ihre Stücke fertigzustellen – ein unvergesslicher Abend.

Punished Props
Foto von Punishing Props

Eric Jones ist der Meister des Schleifens. Er ist bekannt für seine Leidenschaft für das Schmirgeln, und alle seine Requisiten und Kostüme sind super glatt und haben eine wunderschöne Oberfläche. Wo die meisten von uns mit einem »Das ist gut genug« zufrieden sind, ist Eric Perfektionist. Wir hatten uns schon ein Jahr lang über Facebook unterhalten, als wir uns 2015 bei der PAX West persönlich trafen. Er hat mir damals das Leben gerettet. Ihr könnt später noch lesen, wie ich damals in meinem Zwergenkostüm nicht in den vom Hotel angebotenen Shuttle passte. Um es kurz zu machen: Ich musste an einem sehr heißen Tag zu Fuß zur Convention gehen. Als ich ankam, ging es mir gar nicht gut, und Eric besorgte mir Wasser und kümmerte sich um mich. Was für ein Held!

Der Meister des Feinschliffs:
Eric Jones von Coregeek Creations

Foto von Photo Geek Girl

Eine weitere Online-Bekanntschaft ist Ted Smith, auch bekannt als Evilted. Ich fand seine Videos, als ich anfing, an meinem Halo-Helm mit Thai- und Spartan-Einflüssen zu arbeiten. Ted hat ein ganz einfaches und leicht verständliches Video mit Alufolie und Panzerklebeband, und ich empfehle es bis heute, wenn ich gefragt werde, wie man am besten einen Helm baut. Ted ist außerdem mein Held, weil er früher beim Film war. Er war so freundlich, mich 2017 ein paar Tage aufzunehmen, und ich fand es toll, von seinen Filmprojekten und den Menschen, mit denen er gearbeitet hat, zu hören.

Der einzigartige Evilted, der mir ein paar seiner Cosplay-Fotos überließ

Cosplay kann ein einsames Hobby sein, also lohnt es sich, sich mit jemandem anzufreunden, der die gleiche Leidenschaft hat. Svetlana und Benni von Kamui Cosplay sind ein echtes Dreamteam. Sie ergänzen sich großartig – Svetlana mit ihrer überlebensgroßen Persönlichkeit und Benni mit seinem super Humor. Ich folge Kamui Cosplay seit meinen ersten Versuchen mit Wonderflex, einem Thermoplastik, das sich mit Hitze formen lässt. Ich war begeistert, was sie alles mit einer Heißluftpistole zustande brachte. Da ich eine kleine Wohnung hatte, war das perfekt für mich. Es war so beeindruckend, ein paar Tage bei ihnen zu wohnen und ihnen bei der Arbeit zuzusehen. Damals wurde mir klar, wie hart es ist, hauptberuflich Cosplay zu betreiben. Alles, was die beiden tun, hat mit ihrem Unternehmen zu tun, und ihre Hingabe ist einfach beeindruckend.

Foto von Benjamin Schwarz und Svetlana Quindt von Kamui Cosplay

Ein weiteres Cosplay-Paar sind Beverly Downen von Downen Creative Studios und ihr Mann Brett Downen von Downen Photography. Beverly hat so viele unglaubliche Kostüme hergestellt, und sie gehört zu den Gründungsmitgliedern der Gruppe SheProp!, einem Forum, in dem weibliche, nonbinäre und Transgender-Cosplayer zu Hause sind und eine einzigartige Community finden, die sie in der Cosplay-Welt unterstützt. Beverly stellt viele Tutorials online, in denen sie ihre Arbeit an Kostümen zeigt. Tolle Kostüme zu haben ist super, aber man braucht auch genauso gute Fotos, und darum kümmert sich Brett. Brett ist nicht nur ein talentierter Fotograf, sondern auch ein sehr netter Kerl. Ich habe im Anschluss an die Emerald City Comic Con 2019 viel Zeit mit den beiden verbracht, und wir hatten eine Menge Spaß!

COSPLAYER: Downen Creative Studios

KOSTÜM: Hela aus dem MCU

Foto von Downen Photography

2021 haben Beverly und ich am Ultimate Cosplay Championship teilgenommen. Im Zuge der Pandemie hatten Chris Tock von Tock Custom, Chad Hoku von Hoku Props und David Tock, der Bruder von Chris, beschlossen, eine Online-Convention auf die Beine zu stellen, bei der eine Jury aus 16 Richtern mit jeweils eigenem Fachgebiet entschied. Es gab 256 Bewerber aus 56 Ländern. Was für eine Hommage an alles, was mit Cosplay zu tun hat!

Chris Tock
Foto von Downen Photography

Chad Hoku
Foto von Downen Photography

DIE COSPLAY-COMMUNITY

Ich werde häufig gefragt, ob ich Cosplay zu meinem Hauptberuf machen werde. Und obwohl ich niemals nie sagen würde, bin ich momentan ganz zufrieden damit, es als Hobby zu betreiben, so oft ich Zeit habe. Ich nehme mein Cosplay sehr ernst, aber ich veröffentliche immer nur dann Content, wenn ich Lust dazu habe und nicht, weil ich es muss. Der wichtigste Grund ist allerdings meine Arbeit beim Wētā Workshop. Ich arbeite mit Weltklasse-Makern zusammen und, noch wesentlicher, lerne von ihnen. Dann teile ich das erworbene Wissen mit der Cosplay-Community. Für mich ist Wissen etwas, das geteilt werden muss, und je mehr wir unsere Liebe für das Handgefertigte in die Welt tragen, desto stärker wird die Maker-Community.

Im Zusammenhang mit Weltklasse-Makern sollte der König des Cosplay, Adam Savage, nicht unerwähnt bleiben. Adam ist einer der wichtigsten Vertreter des Cosplay, das er bewirbt; es ist ihm zu verdanken, dass Cosplay keine Untergrund-Aktivität geblieben ist, sondern zum Mainstream gehört. Ich glaube, dass er der Grund dafür ist, dass Cosplay so beliebt und so cool ist - nein, noch cooler. Viele kennen ihn von seiner Arbeit bei MythBusters und Tested, aber ihn auf einer Convention zu erleben und ihm anzusehen, wie viel Freude er an dem Kostüm hat, das er trägt, ist inspirierend, und darum wollen andere auch Teil der Cosplay-Community werden.

Adam ist einer der wichtigsten Unterstützer der Maker-Community, und eine Reihe von Cosplayern und Makern sind schon auf Tested vorgestellt worden. In letzter Zeit hat Adam viele Online-Workshops im Rahmen der SiliCon organisiert. Zu jedem Workshop gibt es Instruktionen per Video, all die erforderlichen Materialien werden aufgeführt und man kann den Unterrichtenden Fragen stellen. Ich wurde eingeladen, einen Workshop zum Herstellen von Vampirzähnen aus Styropor ohne Verwendung von Kleber zu unterrichten. Bei dieser Gelegenheit bedanke ich mich bei dir, Adam, für all deine Arbeit.

Im Laufe der Zeit wurde ich von so vielen unterrichtet, inspiriert und zu dem Maker geformt, der ich heute bin. Dank diesen und anderen Makern habe ich jetzt ein Arsenal an Techniken und Wissen griffbereit, das ich gerne neuen Makern und anderen Cosplayern vermittle. Cosplay ist ein Hobby, das einen sehr engen Bezug zur Community hat, aber es kann auch Konkurrenz geben. Niemand lernt allein; dazu braucht es eine Community, das Lernen von anderen, das Knüpfen von Beziehungen und gemeinsames Wachsen. Hab keine Angst, um Hilfe zu bitten oder andere mit mehr Fachwissen anzusprechen.

REDESI

Ich bin bekannt dafür, dass ich existierenden Kostümdesigns meine persönliche Note gebe. Das kann alles Mögliche sein: Das Hinzufügen thailändischer Elemente oder die Neuinterpretierung eines bestehenden Designs. Was ich am Kostümemachen am meisten mag, ist die Problemlösung – der erste zu sein, der etwas kreiert, das noch nie gemacht wurde.

Das sogenannte Redesign von Kostümen wird oft aus dem Bedarf geboren, sich darin frei bewegen zu können und bequem an Conventions teilzunehmen. Viele Charaktere haben ursprünglich keine menschlichen Proportionen oder übergroße Rüstungen, und ich verändere sie so, dass Form und Funktion zusammenspielen. Es gibt nichts Schlimmeres als ein Kostüm, in dem man nicht laufen oder zur Toilette gehen kann!

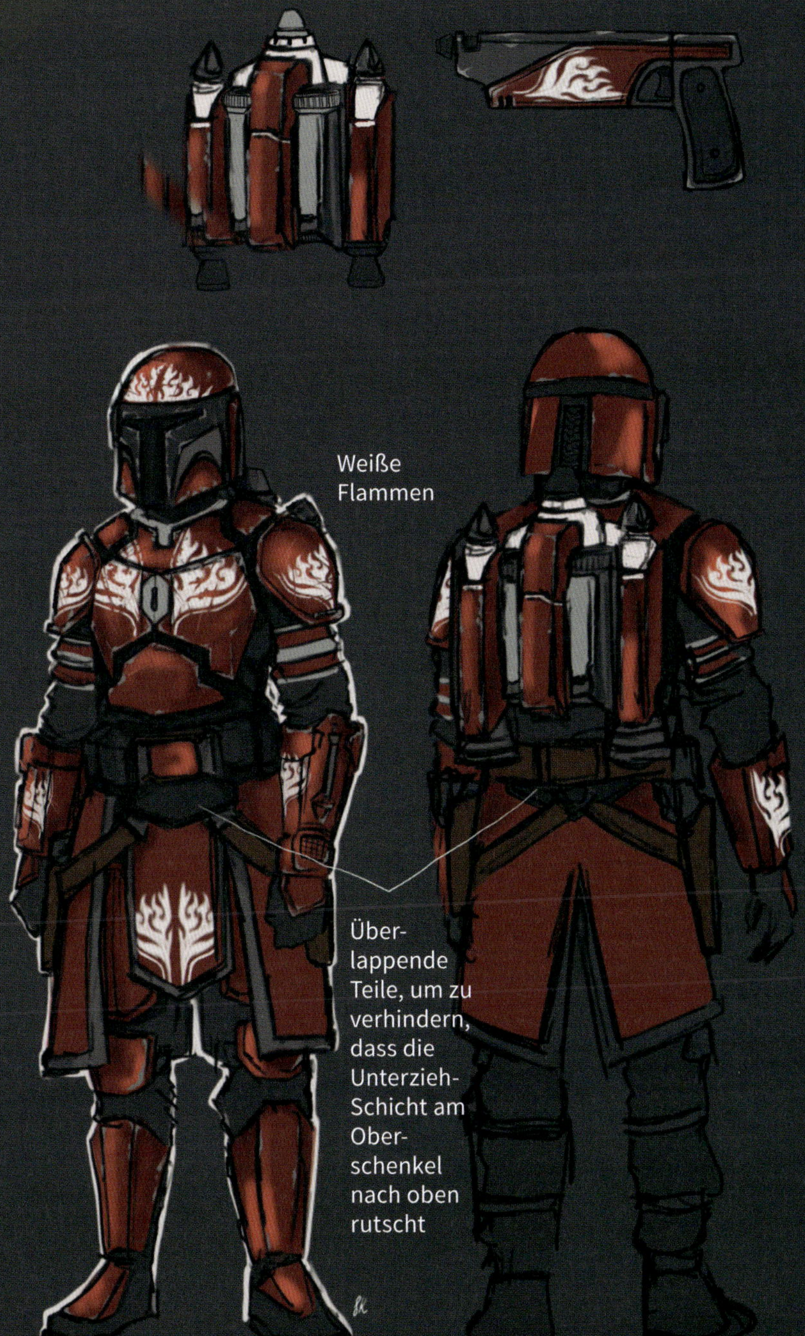

Diese Skizze von meinem Roten Mandalorian-Kostüm aus *Star Wars* ist eine gute Möglichkeit, meinen Designprozess zu erläutern.

Weiße Flammen

Überlappende Teile, um zu verhindern, dass die Unterzieh-Schicht am Oberschenkel nach oben rutscht

MEIN PROZESS BEIM REDESIGN

Ich nehme gern Kostüme, die noch nie jemand benutzt hat – zum Beispiel meine Version von Nova von Marvel. Es wurden zwar schon Kostüme auf der Basis der Comics oder Zeichentrickfilme gemacht, aber ich habe noch keine Neuinterpretation im Stil des MCU gesehen. Zuerst sah ich mir die derzeit im MCU benutzten Kostümdesigns an und stellte mir vor, wie ich Nova auf eine Weise ausstatten würde, die in dieses Universum passt. Dazu ließ ich mich vom Nova Corps in Guardians of the Galaxy und den Uniformen der Kree-Elite in Captain Marvel inspirieren. Ich wollte Nova immer schon gerne umsetzen. Ich mag seinen Charakter in der animierten Ultimate Spider Man-Serie, und ich wollte diesen Stil in meinem Kostüm einfangen. Um das zu erreichen, hielt ich die Silhouette sehr schmal, ohne klobige, übergroße Rüstungselemente. Mein erster Schritt beim Kostümemachen ist immer das Skizzieren.

Erste Skizzen meiner Nova-Rüstung im Stil von Marvel

2015 fertigte ich mein rotes Mandalorian-Kostüm an – eine gute Gelegenheit, einem legendären Kostüm meine persönliche Note zu verleihen, was mir großen Spaß machte. Was ich an allen existierenden Mandalorian-Designs liebe ist, dass jeder Mandalorian-Charakter seine eigene Geschichte hat. Ich wollte keine weitere Boba-Fett-Rüstung machen; stattdessen wollte ich eine herstellen, die mir auf einzigartige Weise entspricht. Die Illustration am Kapitelanfang auf Seite 38 und 39 zeigt meine ersten Skizzen für das rote Mandalorian-Kostüm. Ich habe an verschiedenen Teilen der Rüstung thailändische Motive eingefügt und natürlich mit Rot und Schwarz als Farbpalette gearbeitet.

Ich zeichne alle meine Kostüme gerne detailliert, denn beim Zeichnen habe ich Gelegenheit, mir auszudenken, wie man das Kostüm herstellen könnte, und mir alle Schichten vorzustellen und zu planen, wie sie innen befestigt werden.

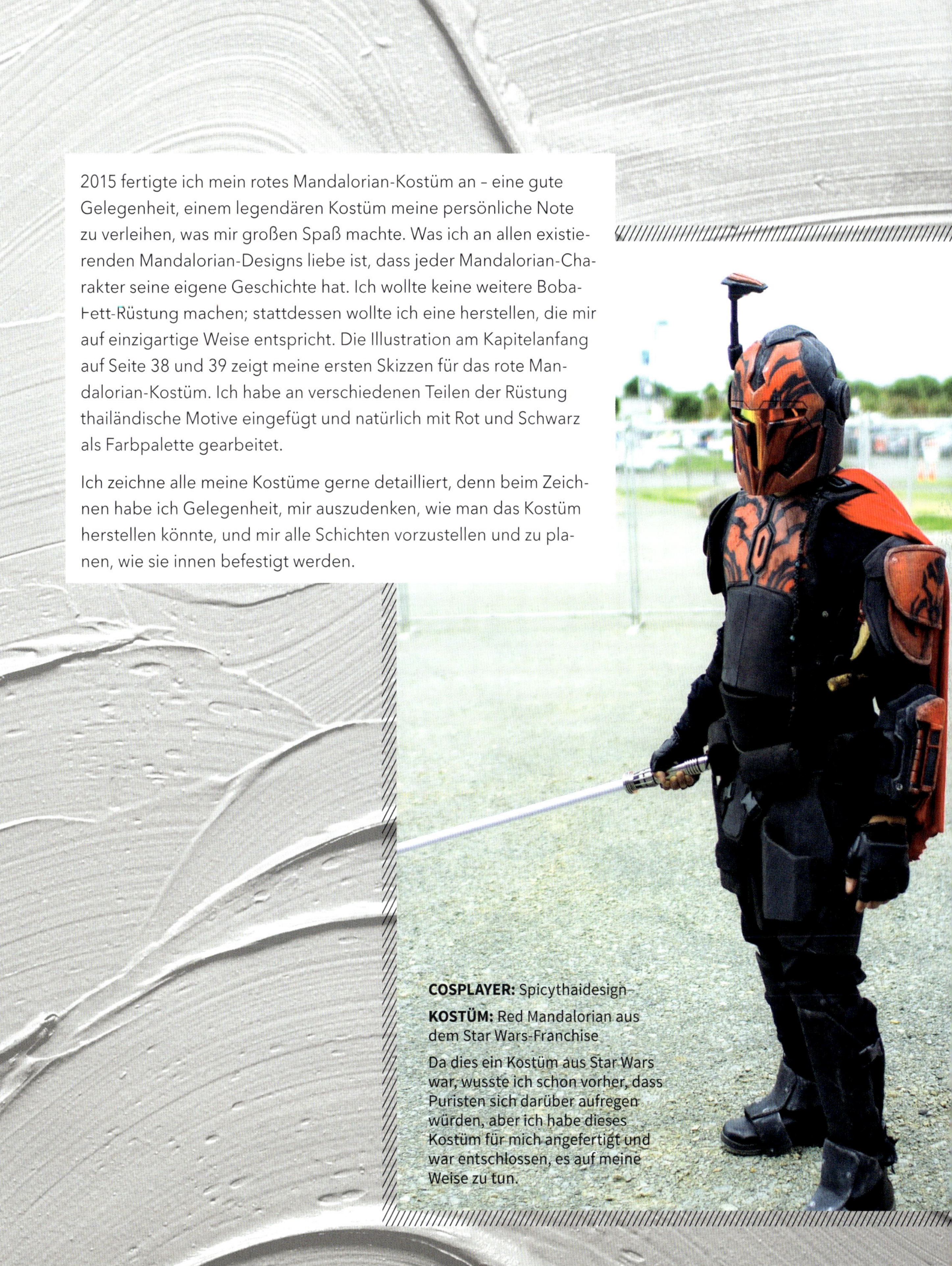

COSPLAYER: Spicythaidesign

KOSTÜM: Red Mandalorian aus dem Star Wars-Franchise

Da dies ein Kostüm aus Star Wars war, wusste ich schon vorher, dass Puristen sich darüber aufregen würden, aber ich habe dieses Kostüm für mich angefertigt und war entschlossen, es auf meine Weise zu tun.

TRAGBARES REDESIGN

Ich hatte so viel Spaß an meinem thailändischen Red Spartan. Dafür tauchte ich tief in die Welt von Halo ein. Ich mochte schon immer den Look und die Geschichten der Orbital Drop Shock Troopers (ODST), dem Sonderkommando im Halo-Universum. Sie werden häufig hinter der feindlichen Front abgesetzt und kämpfen sich zur anderen Seite durch. Mir gefällt der Look ihrer Rüstungen; sie sind einfach und haben schöne technische Details. Ihr ursprüngliches Design entspricht aber den in-Game-Einstellungen. Im echten Leben würden sich die Rüstungen nicht so bewegen, wie es sein sollte. Der Brustpanzer ist so breit, dass die Person, die ihn trägt, nicht die Arme verschränken könnte. Die Armschienen gehen so weit hoch, dass sie die Arme nicht beugen könnten. Ich habe mein Kostüm so redesignt, dass es bequem tragbar war, aber trotzdem den Look hatte, der mir vorschwebte. Unter Rüstungen anfertigen auf Seite 90 erkläre ich, wie ich den übergroßen Look und Bequemlichkeit miteinander vereinbare.

COSPLAYER: Spicythaidesign

KOSTÜM: Orbital Drop Shock Trooper aus *Halo*

Mein überarbeitetes Kostüm erlaubt Bewegungsfreiheit

Foto von Richard Heaps

2019 leitete ich das neuseeländische Team der Overwatch Cosplay Battle in Pax, Australien. Ich wählte Victoria Gridley (The Gridler) und Johanna Otta (Chimaera) als Teammitglieder. Bei diesem Wettbewerb wählt das Team zwei Charaktere aus und die Allgemeinheit entscheidet, welchen der Charaktere das Team umsetzen muss. Wir bekamen Reaper in seiner Lu-Bu-Haut als Projekt. Da es ein Kostüm für einen Wettbewerb war, mussten wir die Ästhetik des Charakters beibehalten. Unser oberstes Ziel war, die Silhouette beizubehalten, also mussten die nicht menschlichen Proportionen so abgeändert werden, dass das Kostüm ergonomisch und tragbar war. Als erstes mussten wir den Kragen verändern. Reaper hat einen sehr langen Hals, und erst dachten wir daran, den Kopf auf meinen Kopf zu setzen, mit einer durchsichtigen Platte, durch die ich sehen könnte. Aber wir entschieden uns dagegen, weil das Kopfteil zu schwer geworden wäre und mich unbeweglich gemacht hätte. Wir beschlossen, den Hals des Charakters zu kürzen, um das Kostüm bequemer zu machen und realistische Bewegung zu erlauben.

Da wir so nah wie möglich am Originalcharakter bleiben wollten, war es wichtig, dass der Rest des Kostüms das komplexe Aussehen von Reaper reflektierte. Eine Sache, die ich besonders mag, ist, mir Designs anzuschauen und zu überlegen, wie das Kostüm nachgebaut werden kann. Ich beginne damit, mir alle Lagen des Kostüms vorzustellen. Je mehr Lagen man dazu addiert, desto mehr Details kann man zeigen. Bei Reaper begann ich mit dem Unteranzug und designte dann alle Schichten des Kostüms bis zur äußersten, dekorativsten Schicht. Dabei war es wichtig, zu entscheiden, welche Materialien die richtige Textur und den richtigen Look hatten und wo und wie man es verstärken musste, um die Rüstung anzubringen. Wir haben für die meisten Stellen Klettband benutzt sowie D-Ringe als Unterstützung für die Stellen, an denen mehr Halt gebraucht wurde, wie dem Übergang vom Schulterpanzer zur Schulter.

Die **untenstehende** Illustration zeigt, wie ich mit den Schichten umgehe. Die roten Bereiche stehen für den weichen Stoff oder das Leder in der Unterziehschicht des Kostüms. Für die blauen Bereiche habe ich weiches Styropor benutzt. Hiermit bekommt das Kostüm seine Form, ist aber noch weicher, damit die potenziell problematischen Teile wie die Stacheln nicht gefährlich werden. Die gelben Bereiche bestehen aus hartem Styropor und geben dem Kostüm die benötigte Struktur und die schärferen Kanten. Die letzte Schicht, hier grün dargestellt, besteht aus Worbla, das ich für die allerfeinsten Details benutzt habe.

ORIGINAL-ENTWÜRFE

Ich will nichts gegen die sagen, die ein originalgetreues Kostüm von Iron Man oder Deadpool herstellen wollen. Es spricht überhaupt nichts dagegen, eine exakte Replik des Kostüms anzufertigen, so, wie es im Kanon tatsächlich aussieht. Es ist ein cooles Gefühl, eine Kopie eines Kostüms oder Charakters zu besitzen, das oder den man toll findet. Ich respektiere Leute, die sich bemühen, genau das gleiche Material zu besorgen, die exakte Entsprechung der Oberflächenstruktur, oder die gleichen Stiefel zu tragen. Im Laufe der Jahre habe ich die Star Wars 501st Legion, Neuseeland, Outpost 42 kennengelernt. Ihre Liebe zum kleinsten Detail und ihre karitative Arbeit sind bewundernswert.

COSPLAYER: von links nach rechts: KiwiCaptainRex, Spicythaidesign und Sam Parkin, CX 77255

KOSTÜME: Storm Trooper aus *Star Wars*

Am Stand der 501st Outpost 42 bei der Armageddon Expo in Wellington, Neuseeland

COSPLAYER: Spicythaidesign
KOSTÜM: Thai-Rüstung, eigener Entwurf
Foto von Christine Phillips

Als Künstler werden wir ermutigt, uns auszudrücken, unsere Einzigartigkeit und Individualität zu betonen. Für mich gilt das auch beim Cosplay. Bei der Arbeit ist es meine Aufgabe, Kostüme nach Auftrag anzufertigen, aber Cosplay ist nach wie vor mein Hobby. Es ist etwas, das ich gern mache, also will ich nicht den Stress haben, vorgegebene Materialien finden oder mich an exakte Proportionen halten zu müssen. Ich mag die Freiheit, tun zu können, was ich will.

COSPLAYER: Spicythaidesign

KOSTÜM: Warlock aus *Destiny*

Die zweite Version meines Warlock-Kostüms

Foto von Madeleine Buddo

Meine Reihe von Kostümen aus Destiny, die aus drei Warlocks und einem Titan besteht, ist ein gutes Beispiel dafür, wie ich mit Kostümdesign umgehe. Ich habe den Warlock schon dreimal angefertigt. Mein erster Warlock, den ich 2014 hergestellt habe, basierte auf der Figur des Hanuman aus der Thailändischen Mythologie. Der Hanuman wird immer weiß dargestellt, was meine Farbpalette bestimmte. Ich habe mir auch die drei Stacheln aus dem Helm des Hanuman für meine Interpretation des Warlocks geborgt, ebenso die Hanuman-Khon-Maske aus dem Ramakien-Drama.

Das Hanuman-Kostüm im Ramakien, getragen von einem Darsteller

Foto von K-Smile love

Normalerweise skizziere ich meine Kostüme, aber es fiel mir schwer, mir vorzustellen, wie der Helm aussehen würde. Also beschloss ich, ölbasierte Tonmasse zu benutzen und eine dreidimensionale Skulptur davon zu machen, in der Hoffnung, dass ich mir den Helm dann besser vorstellen können würde. Wenn der erste Ansatz nicht funktioniert, probiert man einen anderen.

Als ich das Kostüm 2015 noch einmal anfertigte, versuchte ich mich in den Charakter hineinzuversetzen und das Design danach zu gestalten, was ich glaubte, dass der Charakter sich wünschen würde. Das Schwarz-Gold sah cool aus, und die dunkleren Farben hätten eine bessere Tarnung abgegeben.

Ich hatte Schwierigkeiten mit der Skizze des Helms in 2-D, also beschloss ich, eine dreidimensionale Skulptur zu machen.

COSPLAYER: Spicythaidesign
KOSTÜM: Warlock aus *Destiny*
Alle Elemente der Rüstung bestehen aus Styropor, da es leicht und einfach zu bekommen ist.
Foto von Christopher Menges

Bei meinem dritten Warlock-Kostüm und meinem Titan-Kostüm ließ ich meiner Kreativität dann wirklich freien Lauf. Das Spiel Destiny ermutigt einen, den eigenen Charakter sehr stark zu individualisieren – wieso sollte man das dann nicht auch beim Cosplay tun? Als ich online nach Kostümideen für die BlizzCon 2017 suchte, stieß ich auf einen Dämonenjäger aus Diablo 3. Als ich den Entwurf schon fast fertig hatte, wurde mir klar, dass das Dämonenjäger-Kostüm großartig zu meinem Warlock passen würde! Da die Spieleentwickler von Destiny und Diablo sich kürzlich erst zusammengeschlossen hatten, schien es die perfekte Idee zu sein, die beiden zu kombinieren! Ich wollte nicht nur die Kostüme dieser beiden Charaktere kombinieren, sondern auch meine eigene Interpretation einfließen lassen: ein bisschen Thai-Kultur. Ich ließ mich von all den Rüstungen im Spiel inspirieren, adaptierte das Notwendige, um sie dem menschlichen Körper anzupassen, und fügte thailändisch inspirierte Details ein. Daraus entstand ein Kostüm, das, wie ich finde, den Geist des Spiels verinnerlicht und trotzdem meine Erfahrung bereichert hat.

COSPLAYER: Spicythaidesign

KOSTÜM: Kombination aus dem Warlock aus *Destiny* und dem Dämonenjäger aus *Diablo 3*

Helm und Brustpanzer habe ich von meinem zweiten Warlock-Kostüm übernommen; alles andere ist neu.

Foto von Madeleine Buddo

COSPLAYER: Spicythaidesign

KOSTÜM: Kombination aus dem Warlock aus *Destiny* und dem Dämonenjäger aus *Diablo 3*

Um den authentischen Look einer gravierten Rüstung zu erzielen, habe ich mit der Heißluftpistole und einem Metallbearbeitungswerkzeug meine Verzierungen in die äußerste Schicht aus Worbla eingeritzt.

Foto von Madeleine Buddo

Bevor ich meinen Titan anfertigte, waren die Kostüme meiner Charaktere alle schlanker, schmaler und hatten mehr Bewegungsfreiheit. Die Herausforderung für mich beim Herstellen des Titans war, den massigen Look zu erzielen und trotzdem ein tragbares und detailreiches Kostüm zu erhalten. Ich brauchte alle Tricks, die ich beim Herstellen meiner Kostüme davor gelernt hatte, und all die fantastischen Techniken, die ich bei Wētā und von anderen Makern mitbekommen hatte, um einen Titan zu machen, der massig und bedrohlich war und trotzdem genug Bewegungsfreiheit zu behalten.

Wie schon erwähnt ist der Hauptgrund dafür, dass ich lieber eigene Entwürfe mache, der, dass ich dabei meine thailändische Herkunft feiern kann. Dadurch werden die Kostüme wirklich zu meinen eigenen, und ich habe einen stärkeren Bezug zum fertigen Kostüm. So kann ich zu allen Kostümen eine Hintergrundgeschichte erfinden. Jede Schramme hat eine Geschichte, und wenn ich einen Fehler mache, merkt es niemand!

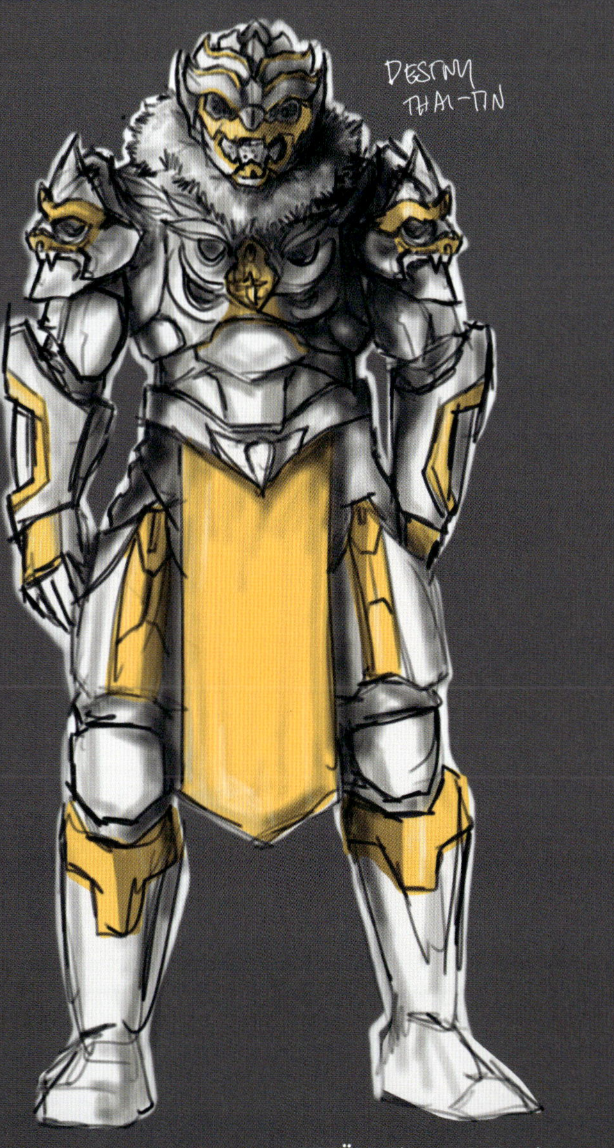

KOSTÜM: Titan aus *Destiny*

COSPLAYER: Spicythaidesign

KOSTÜM: Titan aus *Destiny*

Die typische Haltung des Ramakien-Charakters Hanuman, dem die Rüstung nachempfunden ist

Foto von Amp Sripimanwat

COSPLAYER:
Spicythaidesign

KOSTÜM:
Thai-Rüstung

Hier siehst du, wie toll die Original-Thaistoffe aussehen.

Foto von Madeleine Buddo

In meinen Augen ist die Thai-Rüstung meine beste Arbeit bisher. Sie ist stark von der Herr-der Ringe-Trilogie und King Naresuan inspiriert. Ich wollte eine Hommage an beide Filme schaffen, indem ich die Entwürfe historisch korrekt anfertige. Mir war wichtig, dass es nicht nur nach einer authentischen Rüstung aussah, sondern dass das Kostüm auch viel Bewegungsfreiheit bot.

Um sicherzugehen, dass es authentisch aussah, bestellte ich alle Stoffe direkt in Thailand. Ich hatte das Gefühl, dass das wichtig wäre, da ich mit den Stoffen vor Ort nicht den Look erzielen konnte, der mir vorschwebte. Die importierten Stoffe hingegen hatten wunderschöne Details und sahen entsprechend authentisch aus.

Die Rüstung stellte ich letztendlich aus Worbla her und nicht aus Schaumstoff. Schaumstoff ist leicht und ein großartiges Material, aber um die benötigte Stabilität sicherzustellen, wäre er für die von mir gewünschte schlanke Silhouette zu dick gewesen. Viele hätten eine Schicht Schaumstoff zwischen zwei Schichten Worbla geschoben. Ich entschied mich stattdessen, den Schaumstoff ganz wegzulassen und eine Schicht Worbla Finest Art in Braun mit einer Schicht Worbla Black Art zu kombinieren. Ich stellte eine Schablone (auch manchmal als Former bezeichnet) aus geschlossenporigem Polyethylen-Schaum her und benutzte sie, um die beiden Worbla-Schichten durch Hitze in die korrekten Formen für meine Rüstungselemente zu formen. Die Rüstung wurde dadurch sehr stabil.

Für mich bestand das i-Tüpfelchen aus den Details auf den Ledergurten. Ich erinnere mich noch, als ich zum ersten Mal eine der Rüstungen aus Herr der Ringe persönlich sah. Viele Kostüme sehen aus der Ferne toll aus, aber bei den Herr der Ringe-Kostümen erschließen sich Myriaden von Details aus der Nähe.

COSPLAYER: Spicythaidesign
KOSTÜM: Thai-Rüstung
Eine Nahaufnahme einiger Rüstungsplatten.
Foto von Madeleine Buddo

Letztlich spricht für eigene Entwürfe, dass man damit in der Menge auffällt – im positiven wie im negativen Sinn. Mit einem individuellen Kostüm muss man eventuell ständig seine Hintergrundgeschichte erläutern. Aber es sieht super aus, und niemand wird je das gleiche Kostüm tragen; Menschen werden stehenbleiben und fragen, wer man ist. Ein eigenes Design ist wirklich etwas, das Gespräche in Gang bringt. Für mich ist das einer der besten Aspekte von Cosplay und auch der Grund, warum ich damit angefangen habe. Es gibt mir Gelegenheit, mit anderen über das Herstellen zu reden, Techniken und Ideen auszutauschen, Gleichgesinnte zu treffen und ihr Feedback zu bekommen. Ich habe viele Freunde fürs Leben dadurch gefunden, und meine Designs haben mich sogar beruflich weitergebracht, einfach indem wir über den Entwurf gesprochen haben.

UTENSILIEN UND MATERIALIEN

Ich werde oft nach meinen Lieblingswerkzeugen gefragt, nach den Materialien, mit denen ich arbeite, und nach welchen Kriterien ich diese für bestimmte Kostüme auswähle. Ich hoffe, dieses Kapitel beantwortet diese Fragen. Wie im Folgenden beschrieben, ziehe ich es vor, mit der Hand zu arbeiten, wenn das Kostüm einen handgefertigten Charakter haben soll – zum Beispiel zeichne und schneide ich Schablonen mit der Hand. Wenn ich möchte, dass mein Kostüm maschinell gefertigt aussehen soll, wähle ich strombetriebene Werkzeuge und Maschinen, um diesen Look zu erzielen.

COSPLAYER: Spicythaidesign
KOSTÜM: Thai-Rüstung
Foto von Christina Philipps Photography

ZUM THEMA SICHERHEIT

Beim Arbeiten mit Lack, Chemikalien oder Klebstoffen bitte grundsätzlich die Sicherheitshinweise der Hersteller lesen und beachten.

Es ist wichtig, sich zu schützen, wenn man sägt, schleift oder mit Materialien arbeitet, die ausdünsten. Kleine Partikel können sich lösen und die Augen verletzen, oder man kann Dämpfe oder Staub einatmen. Ich benutze eine Atemschutzmaske, die das gesamte Gesicht bedeckt, sie schützt so Augen und Lunge. Wenn du nicht mit einer Maske arbeiten willst, die das ganze Gesicht bedeckt, trage eine Schutzbrille beim Sägen und Schleifen, und eine Atemschutzmaske, wenn du mit Staub und Dämpfen in Kontakt kommst. Beim Benutzen von elektrischem Werkzeug trägst du am besten Sicherheits-Kopfhörer.

UNVERZICHTBARES WERKZEUG

Es gibt mehrere Utensilien, die sich perfekt für das Arbeiten mit verschiedenen Materialien eignen und zu denen ich immer wieder greife. Das sind meine Lieblingswerkzeuge:

SCHNEIDE- UND FORMWERKZEUG

Ich kaufe nicht unbedingt immer das teuerste Werkzeug, aber ich achte darauf, dass die Utensilien einige wichtige Eigenschaften haben, um sie bestmöglich nutzen zu können. Außerdem achte ich auf eine gute Verarbeitung, da die Werkzeuge dann länger halten.

Eine Heißluftpistole ist für Maker das wichtigste Utensil überhaupt. Für die Arbeit mit Worbla und EVA-Schaumstoff ist sie ein Muss.

Eine starke, robuste Schere ist essenziell für viele Arbeiten. Ich benutze außerdem oft ein Teppichmesser für größere Schnitte und ein solides Metallskalpell für Schnitte auf kleinen Stücken oder für Feinarbeiten.

Feine Bandschleifmaschine

Eine feine Bandschleifmaschine ist unverzichtbar für das Arbeiten mit Worbla, Schaumstoff und manchmal auch Leder. Ich habe eine 9 mm x 533 mm-Bandschleifmaschine für scharfe Kanten oder glatt geschliffene Oberflächen. Den Exzenterschleifer benutze ich, wenn ich große Flächen zu glätten habe. Bei der Arbeit mit Leder finde ich diese Schleifmaschinen praktisch zum Aufrauen der Oberfläche vor dem Kleben oder um Kampfspuren zu simulieren.

Feinbohrschleifer erlauben es mir, scharfe Kanten zu erzielen oder kleinere Flächen an Kostümen oder Requisiten zu glätten, die vielleicht nicht einfach zu erreichen sind. Ich benutze dazu einen Flex-Aufsatz, mit dem ich enge Zwischenräume bearbeiten kann, die man mit der Bandschleifmaschine oder Schmirgelpapier nicht erreichen kann. Ich benutze nur zwei Aufsätze, einen Zylinder und den 9,5 mm Dremel Aluminiumoxid-Schleifstein.

MARKER

Ich nutze Gelstifte in Schwarz und Silber zum Markieren von Schnittkanten und zum Zeichnen von Details. Zum Silberstift greife ich, wenn ich auf schwarze Materialien zeichne, und auf helleren Materialien zeichne ich lieber mit Schwarz. Die Tinte von Gelstiften kann durch Farben durchscheinen. Wenn du an einem Stück arbeitest, das lackiert werden soll, zeichne möglichst auf der Rückseite oder schleife die markierten Stellen ab, bevor du lackierst.

WORBLA

Worbla ist eine Marke von Thermoplastik-Bogen, die von Cast4Art hergestellt werden. Thermoplastik wird formbar und biegsam, wenn es erhitzt wird, und härtet beim Abkühlen aus. Mit einem Föhn kommt man hier nicht weiter; du brauchst eine Heißluftpistole, um dieses Material zu bearbeiten. Worbla gibt es in zahlreichen Formen, die für verschiedene Zwecke gedacht sind. Die drei, mit denen ich am häufigsten arbeite, sind Worbla's Finest Art, Black Art und Pearly Art.

Finest Art ist braun und war das erste Produkt von Worbla. Ich finde es superleicht zu bearbeiten. Es hat eine großartige selbstklebende Schicht, aber auch eine ausgeprägte Oberflächenstruktur. Wenn du eine glatte Oberfläche möchtest, musst du es stark abschleifen.

Black Art ist, wie der Name schon sagt, schwarz, und was mir an diesem Produkt am besten gefällt, ist die Farbe. Ich muss meine schwarzen Stücke nicht vorlackieren, und die Oberfläche ist etwas glatter als die von Finest Art und sehr ähnlich wie Leder. Um gut zu haften, muss es stärker erhitzt werden als Finest Art.

Pearly Art ist weiß und superglatt. Es ist perfekt zum Anfertigen von Stücken mit vielen Details. Pearly Art muss nicht besonders hoch erhitzt werden, um es formbar zu machen.

Von links nach rechts: Worbla's Finest Art, Black Art, Pearly Art und die Rückseite von Pearly Art.

Diese Skulptur habe ich aus Worbla Pearly Art angefertigt.

WARUM ICH GERNE MIT WORBLA ARBEITE

Ich würde das Arbeiten mit Worbla als Mischung aus Basteln und Bildhauerei bezeichnen. Worbla ist selbstklebend und man braucht sich nicht mit schmierigem Kleber abzugeben, es ist ungiftig, also kann man es zuhause verarbeiten. Es ist praktischer für dünne Rüstungen als EVA-Schaumstoff. Zwei Schichten Worbla reichen, um eine stabile Rüstung herzustellen, und es ist einfacher, damit den gewünschten Look zu kreieren. Das vielleicht Allerbeste an Worbla ist aber, dass es kaum Abfall produziert. Man kann alle Abschnitte mehrfach erhitzen und wiederverwenden, und das kann man von EVA-Schaumstoff nicht gerade sagen.

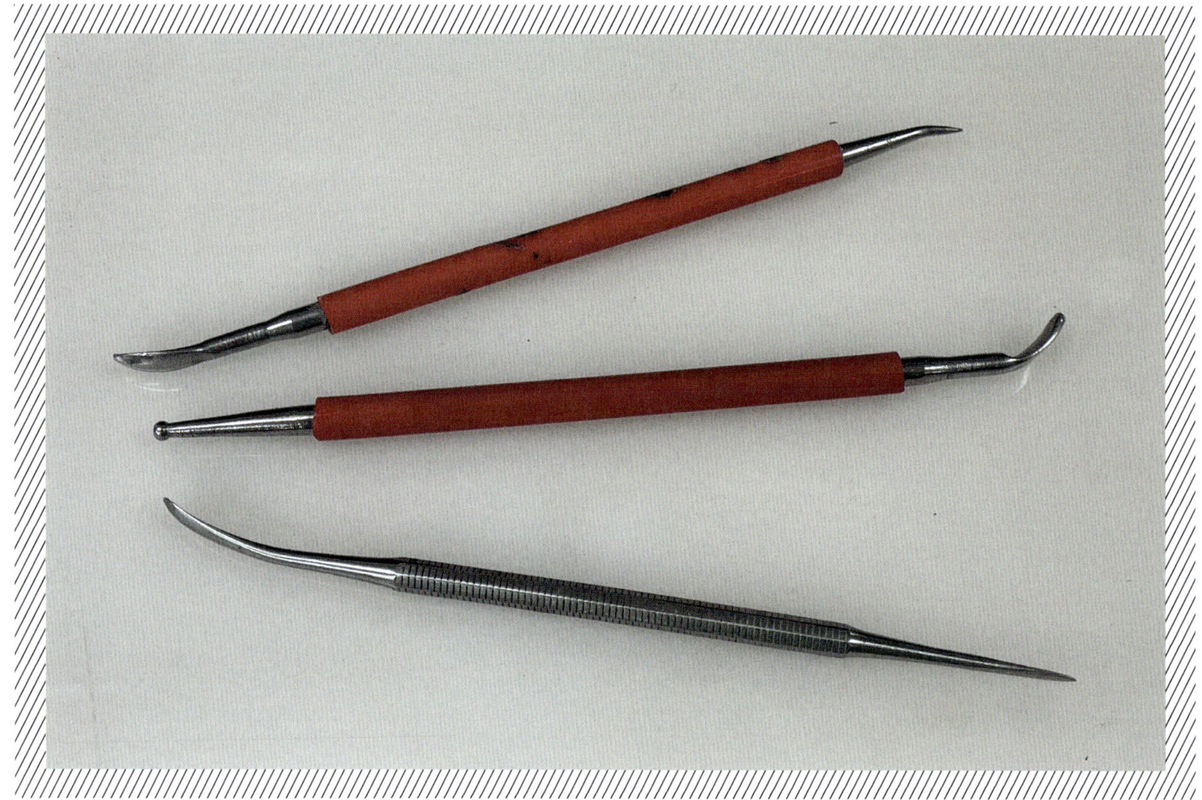

Zum Bearbeiten von Worbla benutze ich Bildhauerutensilien aus Metall, keine aus Holz oder Kunststoff. Holzutensilien können einen Abdruck der Holzstruktur am fertigen Stück hinterlassen, und Plastikwerkzeug kann schmelzen oder sich verbiegen, wenn es erhitzt wird. Metallutensilien machen eine schöne, glatte Oberfläche.

Anfangs fand ich Worbla schwierig zu bearbeiten, aber nach guten sechs Monaten Gewöhnungszeit wurde es zu einem meiner liebsten Werkstoffe. Bis heute probiere ich mit Worbla immer wieder Neues aus. Es ist extrem wichtig, sich für dieses Material Zeit zu nehmen. Hetzen bringt gar nichts. Wenn du zum Beispiel einen Brustpanzer herstellen willst, solltest du nicht das ganze Stück erhitzen. Fange in der Mitte an und arbeite dich langsam nach außen. Ich erhitze immer höchstens handtellergroße Flächen. Manche tragen Handschuhe beim Arbeiten mit Worbla, weil sie befürchten, sich zu verbrennen; meiner Meinung nach hat man das Material zu stark erhitzt, wenn man Handschuhe braucht. Ich erhitze es, bis es sich heiß anfühlt, aber nicht unangenehm anzufassen ist. Worbla kühlt in der Tat schnell ab, aber es ist besser, es mehrmals erneut zu erhitzen – immer eine kleine Stelle nach der anderen –, als es zu heiß werden zu lassen. Beim Ausarbeiten von Details lasse ich das Worbla oft fast komplett erkalten, was mir erlaubt, besonders scharfe Kanten zu formen.

WETTERWARNUNG!

Beachte, dass Worbla ein temperaturempfindlicher Werkstoff ist. Wenn du es bei starker Hitze trägst, kann es sich verformen, und wenn es in einem heißen Auto gelassen wird, kann es sich verbiegen und verziehen.

DETAILS IN WORBLA EINGRAVIEREN

Ich mag es gerne old-school, beginne also mit Papier und Bleistift. Ich nehme lieber schweres Papier als Druckerpapier, oder ich klebe eine Schicht Kreppband auf die Rückseite des Papiers, damit es nicht so leicht reißt. Dann zeichne ich meinen Entwurf. In diesem Beispiel zeige ich die Armschienen, die zum Kostüm meiner Thai-Rüstung gehören. Da das Muster an beiden Armschienen erscheint, muss ich nur eine Seite zeichnen, was halb so lange dauert. *Abb. A*

A

Wenn ich mit der Zeichnung zufrieden bin, schneide ich das Muster mit dem Skalpell aus, um eine Schablone zu erhalten. Wenn das Muster sehr feine Details enthält, achte ich darauf, mit einer scharfen Klinge zu schneiden und die empfindlichen Stellen mit Klebeband zu verstärken, und ich bemühe mich, keine weiteren Schnitte zu machen, bei denen die feineren Details verloren gehen würden. *Abb. B*

B

Dann übertrage ich das Muster mit silbernem oder schwarzem Stift auf Worbla, je nachdem, mit welcher Farbe ich arbeite. Um sicherzugehen, dass das Muster auf beiden Seiten gleich ist, wende ich die Schablone so, dass das Muster sich in der Mitte überlappt und somit korrekt platziert ist. *Abb. C*

C

Die Details entstehen bei mir nicht durch mehrere Schichten Worbla - ich ritze sie stattdessen in die äußerste Schicht ein. Meine Methode ist von der silbernen Trinkschale meiner Großmutter inspiriert: Die Schale hatte wunderschöne gehämmerte thailändische Muster, und den gleichen Look wollte ich meinen Armschienen geben. Sie sollten aussehen, als wären sie aus einem einzigen Stück Metall mit der Hand gehämmert.

Um das Material nach echter Schmiedearbeit aussehen zu lassen, erhitze ich eine kleine Stelle an der Armschiene, und zwar gleichmäßig von unten und von oben. Dann drücke ich vorsichtig mit dem Finger in der Mitte des Musters von unten nach oben und gleichzeitig mit dem Bildhauerwerkzeug an den Kanten des Musters von oben nach unten. Ich arbeite langsam, ohne das Worbla zu überhitzen, und wiederhole diesen Schritt, bis das Muster fertig eingraviert ist. *Abb. D*

Zuletzt schneide ich ein dünnes Stück Worbla aus, das etwas länger ist als der Umriss des Stücks. Ich lege den Streifen sorgfältig um die Kante und befestige ihn mit der Heißluftpistole. Dabei erhitze ich nicht das große Stück, sondern den Streifen, den ich an die Armschiene klebe. Ich finde es wichtig, Rüstungselemente an den Kanten abzuschrägen und weicher zu machen, weil das realistischer aussieht. Viele Cosplayer lassen diesen Schritt weg, aber das kann ein Stück, an dem man tagelang gearbeitet hat, unfertig oder dilettantisch aussehen lassen. *Abb. E–F*

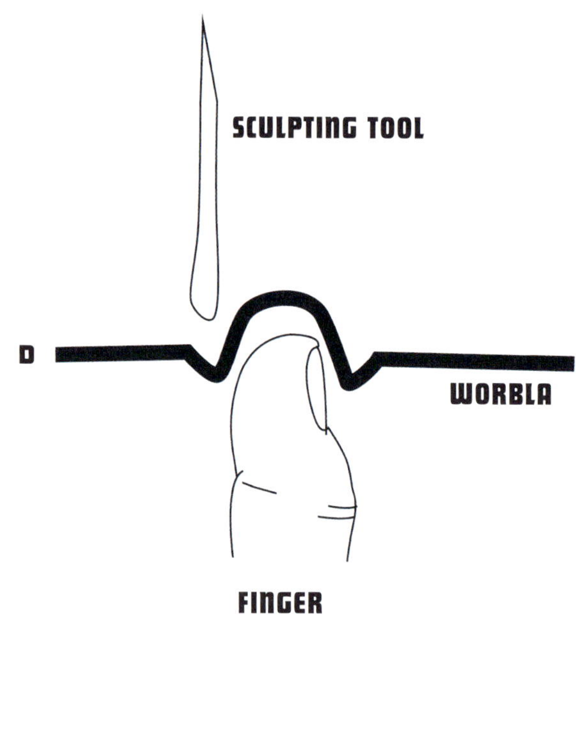

Im oberen Beispiel wurde der angeklebte Streifen nicht nachbearbeitet. Das untere Beispiel zeigt die Kanten nach dem Abschrägen, was meiner Meinung nach realistischer aussieht.

Die fertige Armschiene mit dem bearbeiteten Rand

SCHARFE KANTEN HERSTELLEN

Vielen Makern fällt es schwer, glatte, gerade Kanten anzufertigen – und es kann in der Tat schwierig sein. Es gibt aber eine Möglichkeit: Für glatte Kanten vermeidest du es am besten, zu erhitzen und zu formen. Stattdessen greifst du zum Bandschleifer. An diesem Utensil mag ich, dass man damit durchgehend scharfe Kanten herstellen kann. Da das Band so schmal ist, kann ich damit die meisten Stellen an meinem Kostüm erreichen. Damit sich keine Rückstände am Band bilden, reduziere ich die Geschwindigkeit am Band. An den Stellen, die ich mit dem Band nicht erreichen kann, arbeite ich mit einem Aufsatz.

Meine Sub-Zero-Maske aus Mortal Kombat ist ein sehr gutes Beispiel für saubere, scharfe Details aus Worbla. Erst habe ich die Maske aus geschlossenporigem Polyethylen-Schaumstoff geschnitzt, wobei ich darauf geachtet habe, dass die Kanten sauber und scharf waren. Worbla kann kleine Schäden kaschieren, aber größere Unebenheiten sind sichtbar.

Ich habe das Worbla erhitzt und vorsichtig auf die Maske aus Schaumstoff gelegt; dabei habe ich von der Mundöffnung in der Mitte nach außen gearbeitet, damit keine Risse entstehen. Es ist zwar möglich, Löcher in Worbla zu flicken, aber es ist einfacher, wenn es gleich richtig gelingt.

Auf dem Foto rechts siehst du, wie Worbla normalerweise aussieht. Die Kanten sind stark abgerundet und die Oberfläche ist etwas rau.

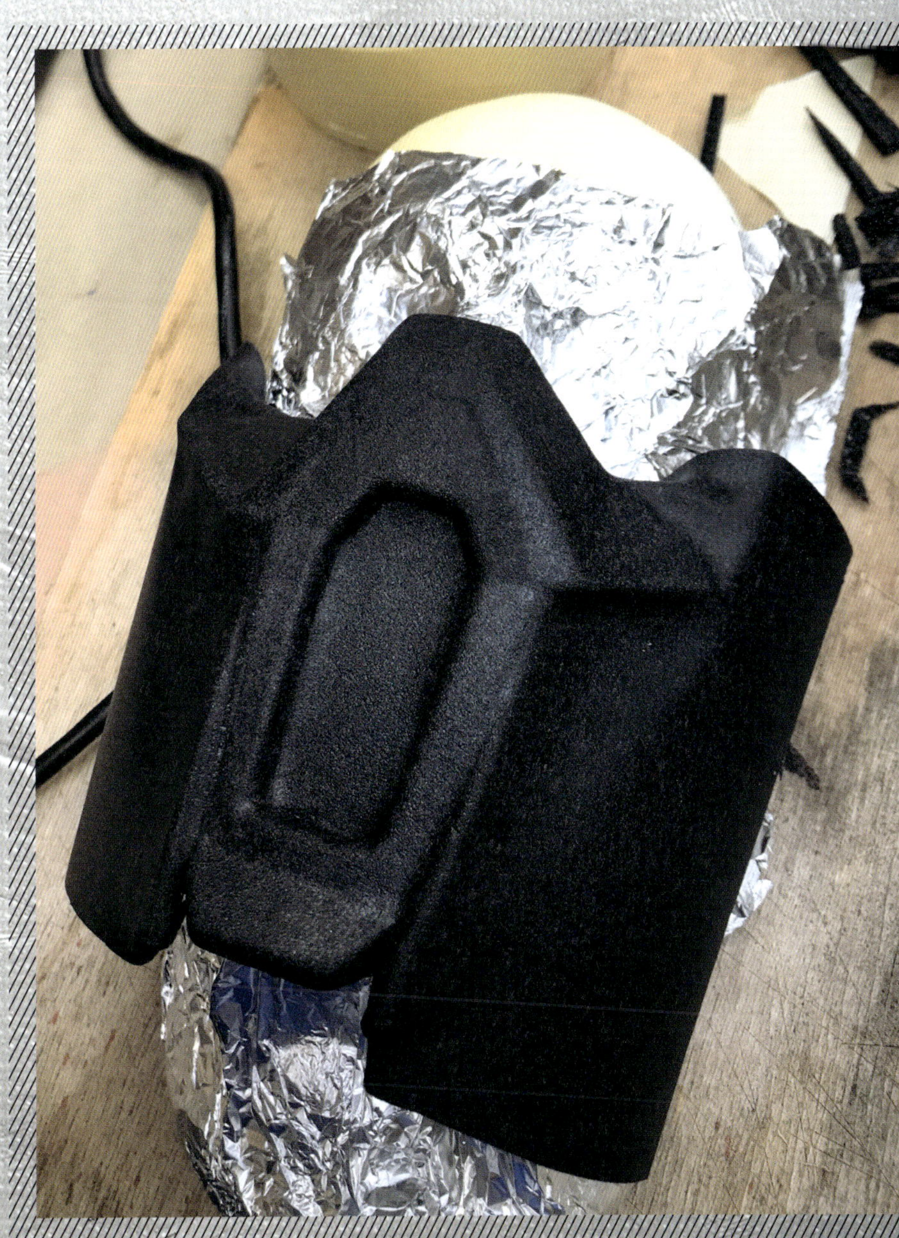

Dann habe ich mit der Bandschleifmaschine und dem Drehaufsatz alle Flächen abgeschliffen und die Linien und Kanten in Form gefräst, damit es wie scharfes Metall aussieht. Einige Kanten habe ich dort abgerundet gelassen, wo ich Abnutzungserscheinungen simulieren wollte.

Die fertige Maske

NATÜRLICHE EFFEKTE ERZIELEN

Ich benutze zwar Worbla für metallisch aussehende Rüstungselemente, aber eigentlich wurde es dafür erfunden, Objekte mit einem natürlichen Look herzustellen. Wenn du Holz, Knochen oder andere natürliche Stoffe simulieren willst, kommst du an Worbla nicht vorbei. Es hat sich für meine Toni-Maske aus Naruto angeboten (siehe rechts). Ich habe das Material geschichtet, ähnlich wie beim Wachstum von Holz, habe aber darauf geachtet, nicht zu viele Schichten aufzubringen. Ich wollte nicht, dass die Maske zu dick wird. Die Kanten habe ich mithilfe der Heißluftpistole und einem Schnitzwerkzeug geformt, dabei das Worbla aber nicht zu stark erhitzt.

Für die Hörner dieser Dämonenmaske habe ich die gleiche Technik angewandt. Wie man sieht, eignet sich Worbla großartig zum Nachbilden natürlicher Formen und Objekte.

Diese Helme sind alle aus EVA-Schaumstoff hergestellt.

WANN EVA-SCHAUMSTOFF DIE RICHTIGE WAHL IST

Meine ersten Kostüme waren aus Bodenmatten aus EVA-Schaumstoff hergestellt. Sie sind günstig, überall erhältlich und anfängertauglich, allerdings kann die Qualität sehr unterschiedlich sein. Bodenmatten können Luftblasen enthalten und an der Unterseite eine Beschichtung mit Struktur haben – obwohl manche Maker, zum Beispiel die Cosplayer von Mass Effect, diese Struktur nutzen und als Eigenschaft des Kostüms betonen. Heute benutze ich in der Regel lieber hochverdichteten EVA-Schaumstoff, mit dem ich filigraner arbeiten kann. Allerdings nehme ich weniger dichten Schaumstoff, wenn ich die innere Schicht eines Stücks weicher und bequemer haben möchte.

Wenn ich mit Schaumstoff arbeite, habe ich gute Erfahrungen damit gemacht, den gewünschten Look und die Textur zu erreichen, wenn ich ihn genauso behandle wie das Material, das ich nachzuahmen versuche. Wenn ich zum Beispiel einen Helm anfertigen will, der aussieht, als wäre er aus Metall, versuche ich den Schaumstoff wie Metall zu sehen und meine Arbeitsschritte entsprechend zu planen, unter anderem, wie ich ihn forme und die Einzelteile zusammenfüge. Zum Formen benutze ich eine Heißluftpistole auf niedriger Hitzestufe. Sobald das Werkstück erhitzt ist, forme ich den Schaumstoff um mein Knie, oder manchmal um einen DIY-Amboss. Ich sollte noch anmerken, dass ich die Heißluftpistole auch zum Versiegeln des Schaumstoffes benutze, bevor ich Farbe aufbringe.

Mein griechisch inspirierter Helm ist ein gutes Beispiel für meine Herangehensweise beim Arbeiten mit Schaumstoff. Wie ein Schmied es beim Metallbearbeiten auch tun würde, habe ich damit begonnen, die erste Schicht zu formen, schön einfach. Nach und nach kommen Schicht für Schicht weitere Feinheiten dazu.

Wie beim Arbeiten mit Worbla zeichne ich das Muster auf schweres Papier vor und schneide mit dem Cutter die Details aus, um eine Schablone zu erstellen. Anstatt beide Seiten eines gespiegelten Motivs auszuschneiden, ziehe ich es vor, nur eine Seite und die Mittelelemente auszuschneiden. Dann übertrage ich eine Seite, wende die Schablone und lege sie auf der anderen Seite an, um ein symmetrisches Aussehen zu erzielen. Die Mittelelemente unbedingt aneinander legen!

Für das Kleben von Schaumstoff benutzt du am besten Kontaktkleber. Arbeite in einem gut belüfteten Raum, markiere den Bereich, den du kleben willst, und gib auf beide Flächen eine ordentliche Schicht Klebstoff. Lass den Klebstoff 10–15 Minuten trocknen oder benutze die Heißluftpistole auf niedriger Temperatur oder einen Föhn, damit es schneller geht. Diese erste Schicht versiegelt den Schaumstoff und ermöglicht eine festere Verbindung. Trage dann eine zweite Schicht Kontaktkleber auf und lasse ihn trocknen, bis er nur noch schwach haftet; dann fügst du die beiden Oberflächen zusammen. Wie vorhin schon erwähnt: Halte dich an alle Sicherheitshinweise für den betreffenden Klebstoff.

Da das Muster dieses Helms sehr verschnörkelt ist, habe ich alle Linien mit einem kleinen Skalpell schräg angeschnitten, um angeschrägte Kanten zu erhalten. Ich konnte fast alle Kanten mit dem Skalpell schneiden, habe aber mit dem Drehaufsatz die größeren Schnitte geschliffen. Kleinere Kuhlen verschwinden, wenn ich den Helm mit der Heißluftpistole versiegele, bevor ich ihn lackiere.

Vergleiche die beiden Seiten. Die rechte Seite ist fertig, an der linken habe ich den schrägen Anschnitt noch nicht ausgeführt. Achte auf den Unterschied zwischen den beiden Oberflächen.

Es ist gut zu wissen, wann es Zeit ist, aufzuhören. Ich hätte noch mehr Details einarbeiten können, habe aber einige Flächen glatt gelassen, damit das Auge sich ausruhen kann.

WANN LEDER SICH AM BESTEN EIGNET

Leder ist super robust, und ich finde, echtes Leder sieht sehr gut aus. Bei meinen Kostümen nehme ich es für Gürtel und Armschienen. Gürtel sehen einfach authentischer aus, wenn sie aus Leder sind, und Armschienen sind ein Kostümelement, das ich immer wieder an- und ablege. Wenn sie aus Schaumstoff sind, reißen sie dadurch mit der Zeit. Ich mag den Look, den man mit Leder-Armschienen erzielen kann – dass sie die gesamten Unterarme bedecken – und dass sie sich natürlich anfühlen. Wenn ein Kostüm geschnürt werden muss, nehme ich auch gern Leder, da andere Materialien schnell ausleiern und nicht viel Belastung aushalten. *Abb. A*

Die Halterungen – Riemen und Schnallen von Kostümen, mit denen die einzelnen Komponenten zusammengehalten werden und die es dem Träger erlauben, das Element problemlos an- und auszuziehen, ohne dass es den Gesamteindruck des Kleidungsstücks verändert – sind ein Element, das ich fast ausschließlich aus Leder anfertige. Bei diesen Teilen der Kostüme sind Stabilität und Haltbarkeit entscheidend. Offen gestanden arbeite ich einfach gern mit Leder, und ich benutze es so oft wie möglich. *Abb. B*

A

B

WERKZEUG ZUR LEDERBEARBEITUNG

Für die Lederbearbeitung gibt es sehr viele verschiedene Utensilien, die auch alle wunderbar sind. Ich greife aber wieder und wieder zu einer kleinen Auswahl.

Wie beim Arbeiten mit meinen anderen Lieblingsmaterialien habe ich das Gefühl, dass die Kanten von ledernen Kostümelementen ein wichtiger und oft vernachlässigter Schritt beim Kreieren eines realistischen Looks sind. Ich benutze dafür einen Kantenschleifer und ein verstellbares Hohlmesser. Kantenschleifer sind ein gutes Werkzeug, um die Kanten an Lederstücken weicher zu machen. Es gibt verschiedene Größen, je nach dem Winkel, den man erzielen möchte. Ich bearbeite damit die glatten und rauen Seiten meiner Lederstücke. *Abb. A-B*

Mit verstellbaren Hohlmessern kann man eine durchgehende Linie an den abgeschrägten Kanten ziehen. Ich mag die verstellbaren Modelle, weil sich damit Tiefe und Breite der Gravur gut verändern lassen. *Abb. C*

Wenn man Kantenschleifer und Hohlmesser für die Kanten benutzt, ergibt das schöne, weiche Kanten mit handgearbeitetem Aussehen. *Abb. D*

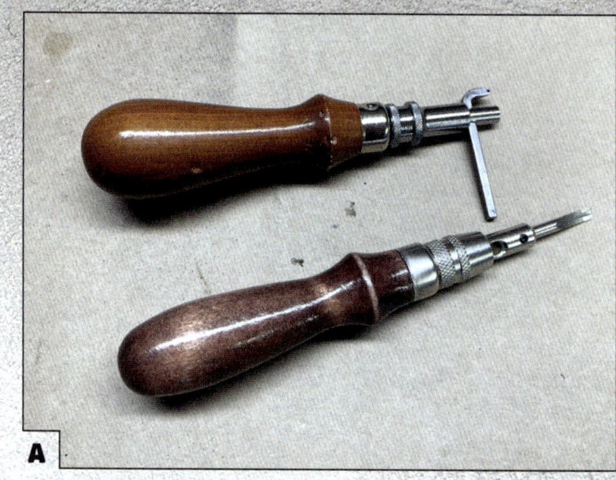
A

B

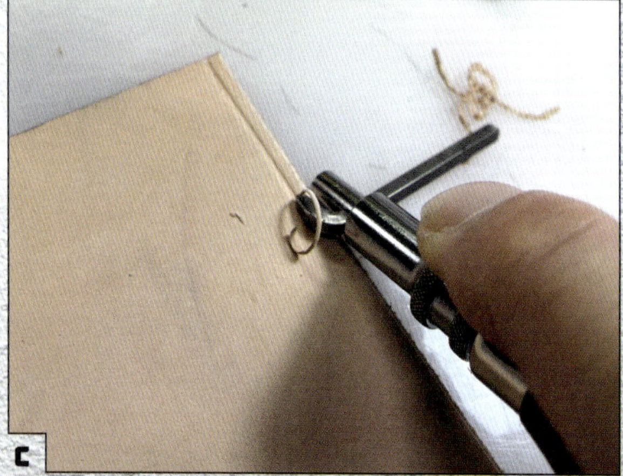
C

D

E

Unverzichtbar für mich ist auch die Lederlochzange. Der Name sagt schon alles: Sie stanzt ordentliche, saubere Löcher in Leder. Es gibt eine Version, die einem Papierlocher gleicht und bei der man das Leder zwischen zwei Kiefer platziert und drückt, und es gibt Stanzen, auf die man mit einem Hammer schlägt. Wenn du die zweite Sorte benutzt, ist es wichtig, dass der Hammer das richtige Gewicht hat. Beim Wählen des Hammers solltest du mehrere ausprobieren. Es sollte entweder ein Gummihammer oder ein Schonhammer sein. Er muss schwer genug sein, um die gewünschte Schlagkraft zu haben, aber doch leicht genug, um gut in der Hand zu liegen. Wähle einen, der groß genug ist, um gut zielen zu können; ist er zu klein, musst du sehr vorsichtig schlagen, sonst könnten zertrümmerte Finger die Folge sein, falls du nicht triffst. Benutze niemals einen Metallhammer mit einer Lochstanze. *Abb. E*

Du brauchst unbedingt Kontaktkleber für das Arbeiten mit Leder. Lies und beachte immer alle Sicherheitshinweise! Leder zu kleben ist einfach, aber es ist wichtig, die Arbeitsschritte sorgfältig auszuführen, damit es gut hält:

In einem gut belüfteten Raum arbeiten, die Stellen, die zusammengeklebt werden sollen, an beiden Stücken markieren.

Alle glatten Lederflächen vor dem Auftragen von Kleber aufrauen. Für Kontaktkleber braucht man eine raue Oberfläche, sonst löst er sich ab.

Je eine Schicht Kleber auf alle zu klebenden Flächen auftragen, dabei sehr genau darauf achten, nicht über die markierte Linie zu gehen.

Den Kleber 10–15 Minuten trocknen lassen oder mit der Heißluftpistole oder einem Föhn den Prozess beschleunigen. Beim Erhitzen von Kleber immer eine Atemmaske tragen. Die erste Schicht versiegelt oder grundiert das Leder; erst bei der zweiten Schicht wird wirklich geklebt!

Eine zweite Schicht Kleber auftragen und antrocknen lassen, bis sie nur noch leicht klebrig ist, etwa 3–4 Minuten.

Die beiden Flächen aufeinander legen und beidseitig andrücken, um sicherzugehen, dass sie halten.

VORSICHT BEIM KLEBEN

Beim Kleben von Leder sehr sorgfältig darauf achten, dass kein Kleber auf Flächen gerät, die nicht geklebt werden sollen! Wenn die Teile später eingefärbt werden sollen, nehmen die Stellen, die mit Kleber behandelt wurden, keine Farbe an.

MIT LEDER ARBEITEN

Leder mit Designs und Mustern zu versehen, gibt dem Kostüm einen authentischen Look. Es ist immer toll, Kostüme von Weitem zu bewundern, aber es ist auch etwas Besonderes, wenn beim Betrachten aus der Nähe schöne kleine Details ins Auge springen.

Es gibt mehrere Möglichkeiten, Leder mit Verzierungen zu versehen. Besonders zeitaufwändig ist traditionelle Lederbearbeitung mit Lederwerkzeug, wobei das Muster ins Leder eingraviert und -gestanzt wird. Lederbearbeitung macht zwar großen Spaß, kann aber Monate dauern und ist nicht immer umsetzbar. Es gibt ganze Bücher über Lederbearbeitung, also beschreibe ich den Prozess hier nicht; wenn du viel Zeit hast, ist es auf jeden Fall lohnenswert, sich damit zu beschäftigen!

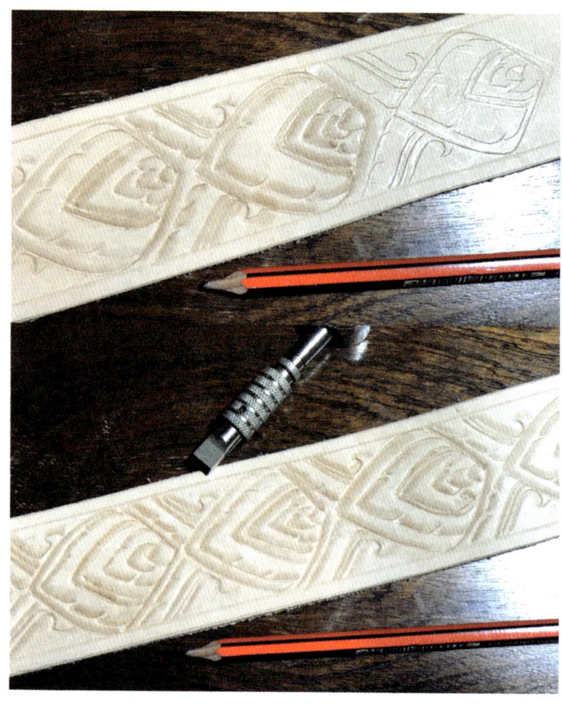

Das Muster auf diesem Gürtel habe ich mit Bleistift auf das Leder gezeichnet und es dann mit dem verstellbaren Hohlmesser ins Leder geschnitzt.

Am einfachsten kann man Leder mit Mustern versehen, indem man diese einprägt, wie ich es bei der Thai-Rüstung getan habe. Ich habe mehrere Methoden ausprobiert, um die Prägestempel zu entwickeln. Eine Methode ist, flüssiges Wachs auf ein Backblech zu gießen. Dann benutze ich ein Werkzeug mit Kugelspitze, um die Muster ins Wachs zu ritzen. Danach gebe ich Gießharz auf das Wachs, um den Stempel zu formen. Beachte, dass Utensilien, die mit Gießharz in Berührung kommen, anschließend nicht mehr zum Kochen benutzt werden dürfen. Auch hier gilt: Immer die Sicherheitshinweise der Utensilien lesen und befolgen.

Eine zweite Methode ist, sich einen Prägestempel aus Acryl anfertigen zu lassen. Für meine Thai-Rüstung habe ich eine Vektorgrafik in Adobe Illustrator designt. Wenn du dich mit Design-Software nicht auskennst, kannst du die Illustration auch in Auftrag geben.

Als das Muster fertig war, habe ich es mit Laser in Acryl ritzen lassen. Mein Muster musste zweifach eingeritzt werden, um die gewünschte Tiefe zu erreichen. *Abb. A*

Welche Methode du auch benutzt, um deine Schablone herzustellen – das Einstanzen ins Leder bleibt gleich. Erst das Leder ein paar Sekunden gründlich befeuchten. Dann mit einer Presse genügend Druck ausüben, um das Muster ins Leder zu stanzen. *Abb. B*

Sobald das Muster eingestanzt ist, kannst du mit alkoholbasierter Farbe das Leder in der gewünschten Farbe einfärben. Da das Leder während der Prägung nass ist und beim Schnitzen Leder ausgeschnitten wird, sollte Färben der letzte Schritt sein. Denke daran, Reserve-Stücke zu prägen und zu färben, falls manche Stücke die Farbe anders aufnehmen! *Abb. C*

A

B

C

ZUBEHÖR HINZUFÜGEN

Ich bevorzuge Metallschnallen an den Halterungen für Leder. Sie sind eine echte Komponente und keine Illusion, also funktionieren sie auch und sind einfach anzubringen. Ich mag Schnallen mit Mittelsteg und Fersenschnallen.

Beide Schnallen werden auf die gleiche Weise angebracht, obwohl man einen zusätzlichen Schritt braucht, um die Fersenschnalle zu fixieren. Zuerst die Größe des Riemens festlegen, der benutzt werden soll. Schnallen werden nicht nach ihrer äußeren Länge und Breite gemessen, sondern nach der Größe des Lochs für den Dorn. Wenn du einen 2,5 cm breiten Riemen benutzt, brauchst du eine 2,5 cm große Schnalle. Wenn du die Schnalle in der richtigen Größe hast, schneidest du den Riemen in der richtigen Länge und Breite zu. Ich schneide die Riemen gern etwas schmaler als die Maße der Schnalle zu. Das ist einfacher zu bearbeiten. Sobald der Riemen zugeschnitten ist, schräge ich mit meinem Kantenschleifer alle Kanten an. *Abb. A*

Dann zeichne ich eine Linie an der Stelle ein, wo der Dorn der Schnalle durch den Riemen kommen soll. Mit der Lochzange ein Loch an beiden Enden der Markierung stanzen. Mit einem Teppichmesser das Leder zwischen den beiden Löchern ausschneiden. *Abb. B*

Den Dorn durch den Riemen stechen. Abb. C.

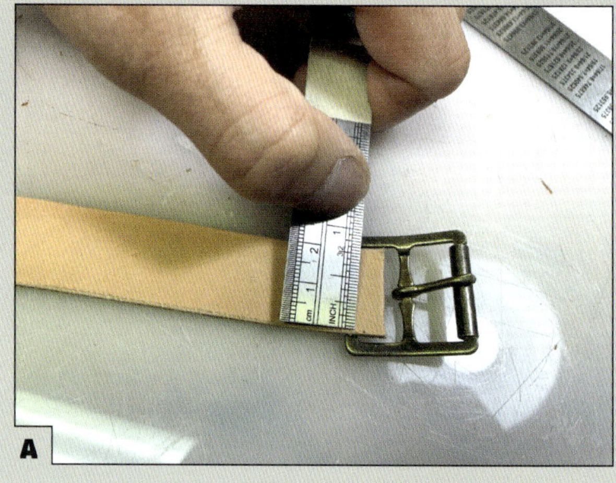

A

B

C

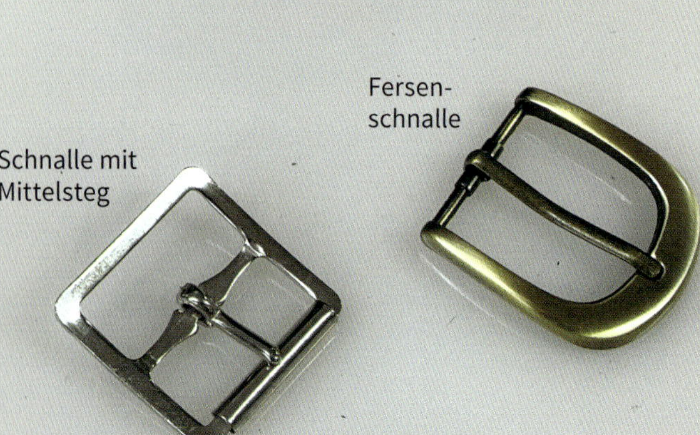

Schnalle mit Mittelsteg

Fersenschnalle

D

Ich habe das Glück, eine Prägemaschine mit Pedal zu besitzen, aber Nieten können auch mit der Hand mithilfe einer Nietenpresse gesetzt werden.

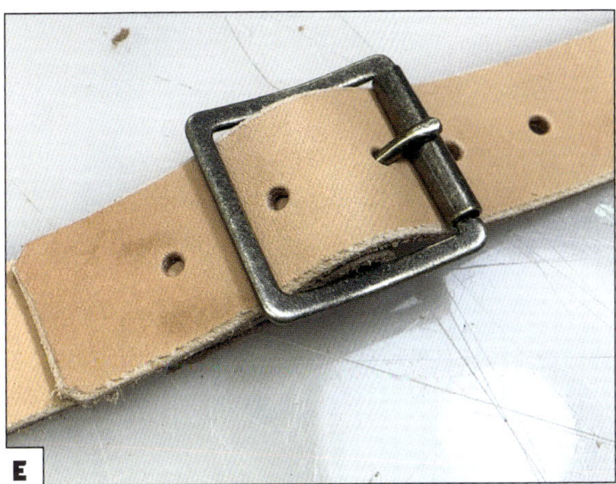

E

Beachte, dass das Ende des Riemens in der Schnalle mit Mittelsteg gesichert wird.

Falte das Ende des Lederstücks um den Mittelsteg der Schnalle und fixiere die beiden Enden des Lederstreifens mit einer Niete. *Abb. D*

Wenn du eine Fersenschnalle benutzt, folgt ein weiterer Arbeitsschritt. Während Schnallen mit Mittelsteg einen kompletten Rahmen für das Ende des Riemens haben, haben Fersenschnallen dies nicht. Dann musst du eine Schlaufe anfügen, um die Enden des Riemens zu fixieren. *Abb. E-F*

Du kannst diese Halterungsschlaufe entweder zwischen den Riemen oder an der Außenseite anbringen. *Abb. G-H*

F

Die Fersenschnalle braucht eine zusätzliche Schlaufe, um das Ende des Gürtels zu fixieren.

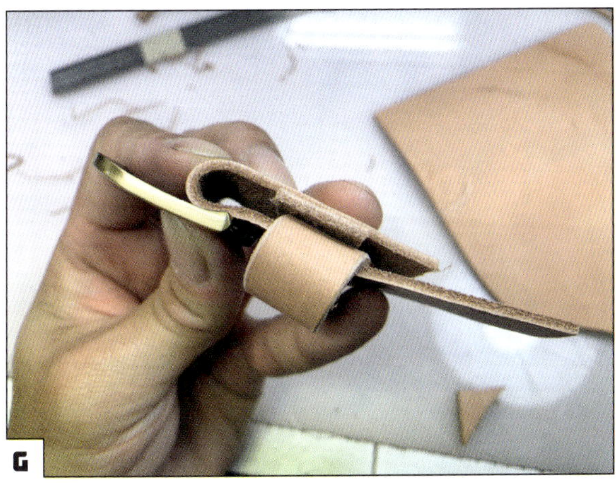

G

Schlaufe innerhalb der Falte

H

Schlaufe außerhalb der Falte

Bei der Entscheidung geht es darum, wie viel Platz du hast und wie das Ergebnis aussehen soll. Ich tendiere dazu, die Schlaufe zwischen den beiden Riemen zu fixieren. Ich finde, es sieht sauberer aus, und es verhindert, dass die Schlaufe an anderen Dingen hängenbleibt. *Abb. I-J*

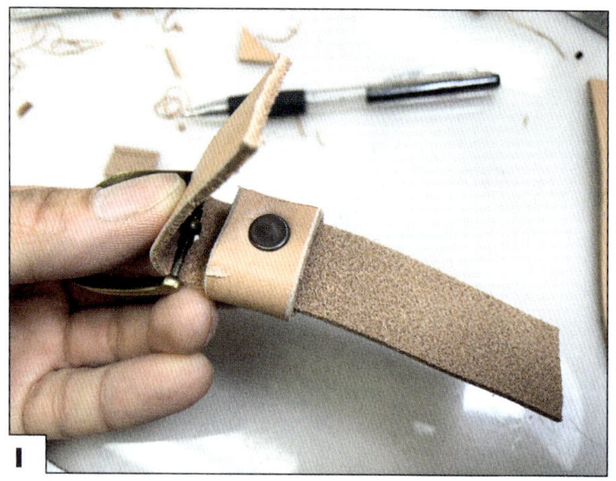

I Die Schlaufe in der Falte der Schnalle zu fixieren bietet besseren Halt.

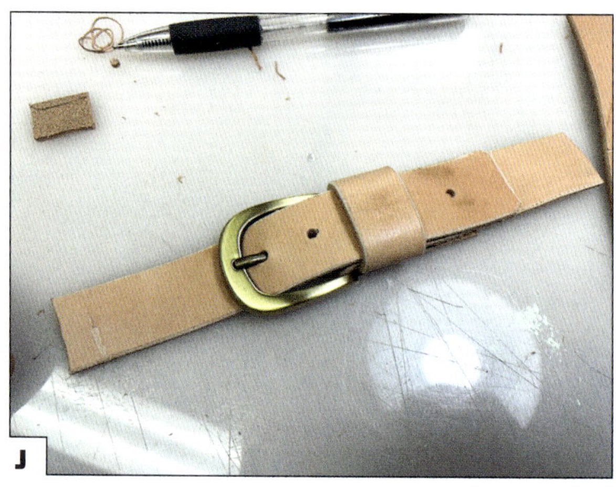

J Die Schlaufe außerhalb der Falte bietet mehr Platz, um das Ende des Gürtels zu sichern.

Zuletzt drücke ich mit der Lochzange Löcher in beide Enden des Riemens, wenn ich einen Gürtel aus einem Riemen anfertige, oder in einzelne Lederstreifen, wenn ich die einzelnen Stücke mit Halterungen ausstatte. *Abb. K-L*

K Mit der Lochzange Löcher in das Ende des Gürtels stanzen

L Fertige Halterung, die an zwei verschiedene Teile angesetzt werden kann

Es gehört zu meinen Lieblingsaufgaben beim Kostümanfertigen, mir auszudenken, wie das Kostüm zusammengestellt ist und wo die Halterungen hinkommen. Am meisten Spaß macht mir aber das Ausarbeiten der Kampfspuren: absichtlich verursachte Risse und Abschürfungen, die während einer Schlacht entstanden wären. Hier kannst du dich wirklich austoben. Du kannst mit jedem Schnitt und jeder Abnutzung eine Geschichte erzählen. Wenn ich mit Leder arbeite, ist mein Lieblingswerkzeug dafür der Bandschleifer. Man kann einen sehr überzeugenden Schwerthieb mit der Kante des Bandschleifers erzeugen. Ich hatte viel Spaß dabei, meinem Starkiller-Kostüm aus Star Wars: Die Macht entfesselt Kampfspuren zuzufügen.

Den Bandschleifer kann man auch an den Kanten von Leder-Elementen einsetzen, um sie abgenutzter aussehen zu lassen. Achte darauf, es nicht zu übertreiben. Nimm dir nur die Stellen vor, die deine Geschichte erzählen, fast als würdest du Glanzlichter in eine Zeichnung setzen.

Die letzte und gleichzeitig lustigste Technik, die ich nutze, ist das Leder einfach nasszusprühen, das Stück mit der glatten Seite nach unten auf ein Stück rauen Beton zu legen und dann mit einem Hammer auf das Leder einzuklopfen.

Cosplay als Community

Du musst kein Experte für alles sein. Wenn du vor einem Aspekt deines Kostüms stehst, für den dir das nötige Fachwissen oder das Werkzeug fehlt, ist es okay, um Hilfe zu bitten!

Cosplay ist nicht einfach ein Hobby; es ist eine Community aus vielen Menschen mit einer Vielzahl von Fähigkeiten, Expertenwissen und Utensilien. Ich kenne mich zum Beispiel nicht besonders gut mit der Software für 3D-Drucker aus. Ich bin bekannt für meine handgefertigten Kostüme und Requisiten und das begeistert mich auch, aber es kommt vor, dass es besser ist, einen 3D-Drucker zu benutzen. Als ich zum Beispiel den Helm für mein Nova-Kostüm von Marvel angefertigt habe, wusste ich, dass der Helm perfekt glatt und symmetrisch sein sollte. Ich konnte dem mit der Hand schon ziemlich nahekommen, aber um wirklich den gewollten Effekt zu erzielen, musste ich diesen Helm mit dem 3D-Drucker herstellen.

COSPLAYER: Spicythaidesign

KOSTÜM: Nova aus dem MCU

Meine Interpretation von Nova. Ich brauchte die Hilfe meiner Cosplay-Community, um den Helm so hinzubekommen, wie ich ihn mir vorgestellt hatte.

Foto von Sylvie Kirkman

Anstatt gleich die Software zu nutzen, habe ich erst ein Modell aus Papier und Kreppband hergestellt. Ich finde, damit kann man am schnellsten Modelle bauen.

Mein ursprüngliches Modell zum Erstellen der Grundform und Festlegen der Größe

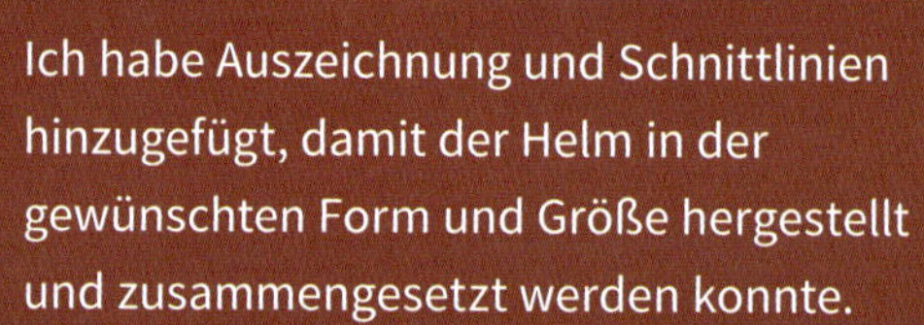

Ich habe Auszeichnung und Schnittlinien hinzugefügt, damit der Helm in der gewünschten Form und Größe hergestellt und zusammengesetzt werden konnte.

Dann habe ich den Helm aus geschlossenporigem Polyethylenschaum geschnitzt (in der Branche meist schwarzer Schaum genannt). Mit einem Schnitzmesser ist er einfach zu bearbeiten. Ich wollte sichergehen, dass der Helm die richtige Größe hat. Das ist eine Technik, die wir beim Wētā Workshop oft anwenden.

Zu diesem Zeitpunkt wusste ich schon, dass ich Hilfe brauchte! Ich habe meinen Kollegen Ryan rekrutiert, um meinen Prototyp in eine 3D-Datei umzuwandeln, die man zum Drucken eines 3D-Modells benutzen konnte.

Der Helm wurde in mehreren Teilen gedruckt. Nachdem er gedruckt war, habe ich alle Hilfsstücke entfernt und den Helm mit einem schnell trocknenden Kleber zusammengeklebt.

Nach vielen Stunden Feilen und Schleifen waren die Drucklinien verschwunden und der Helm war zusammengesetzt und superglatt, bereit, lackiert und mit Kampfspuren versehen zu werden.

Endlich war mein Helm fertig, inklusive Farbe und Kampfspuren. Ich bin fest davon überzeugt, dass die Cosplay-Community voller talentierter Menschen steckt und dass wir gemeinsam umwerfende Projekte herstellen können.

MAKER-RATGEBER

COSPLAYER: Spicythaidesign
KOSTÜM: Rüstung eines Orbital Drop Shock Troopers aus *Halo*
Foto von Richard Heaps

Als Maker neigen wir alle dazu, blind drafloszuarbeiten und mit dem wichtigsten Stück anzufangen, meist dem Helm oder dem Brustpanzer. Es wäre aber wesentlich vernünftiger, erst die weniger sichtbaren Elemente herzustellen. Du musst damit rechnen, das wichtigste Element nochmal zu machen, denn du wirst feststellen, dass sich deine Fähigkeiten deutlich verbessert haben, wenn du mit dem Rest des Kostüms fertig bist!

VON KOPF BIS FUSS

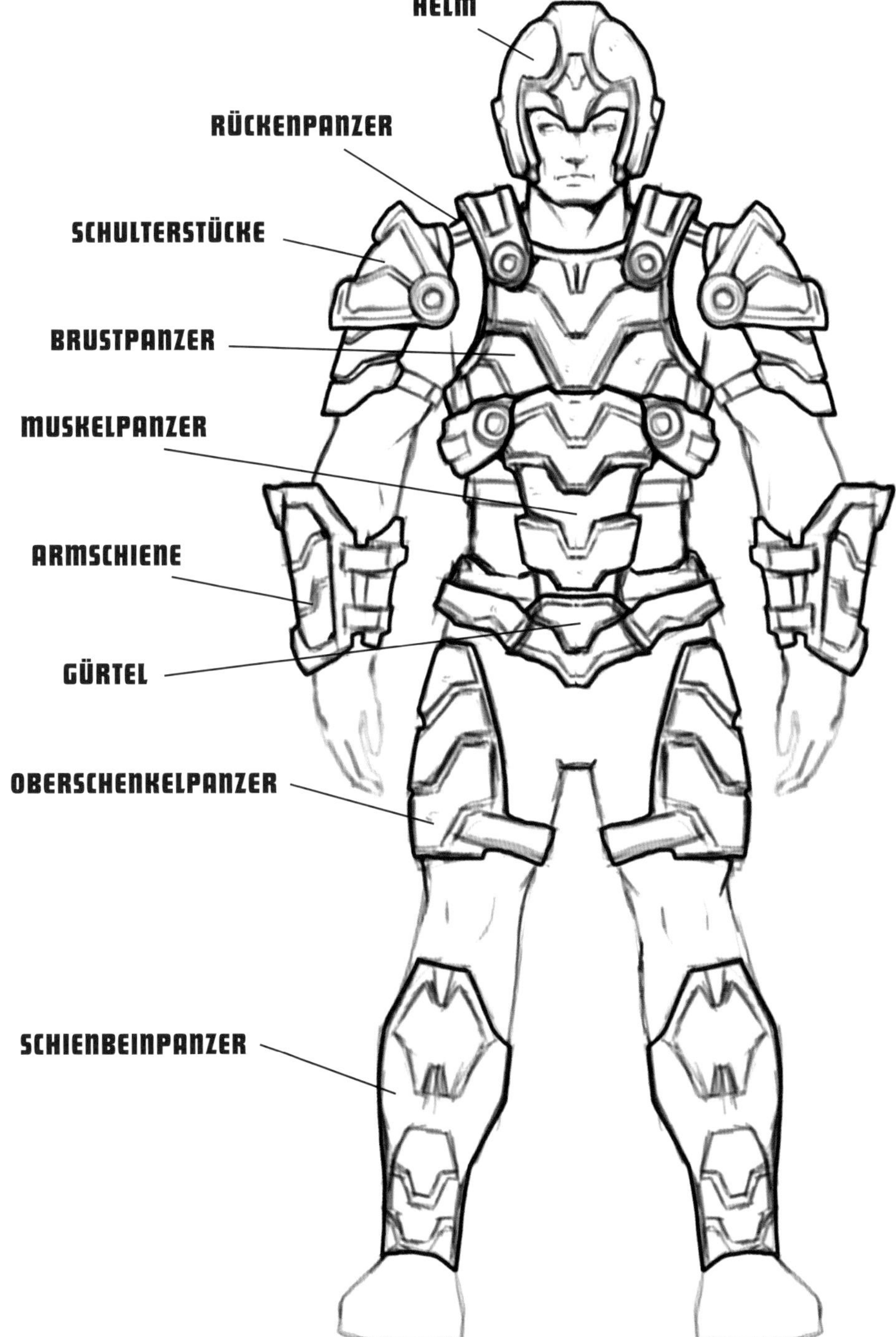

Ich habe eine bewährte Herangehensweise an die wichtigsten Elemente meiner Kostüme. In diesem Kapitel erkläre ich nacheinander, wie ich am liebsten Helme, Brustpanzer, Schulterstücke, Muskelpanzer, Rückenpanzer, Armschienen, Schienbeinpanzer und Oberschenkelpanzer herstelle.

HELME ANFERTIGEN

Meiner Meinung nach können Helme das Schwierigste am ganzen Kostüm sein. Ich habe aber eine Methode gefunden, die für mich immer funktioniert! Helme können schlicht oder komplex sein, aber sie beginnen immer mit einer einfachen Form. Beim Anfertigen von komplexen Helmen bist du gut aufgestellt, wenn du sie in mehrere einfache, gut zu bewältigende Formen einteilst.

Mein erster Arbeitsschritt, bekannt gemacht durch Maker wie Evilted und Punished Props, ist es, das zu nutzen, was ich die Alufolie-Kreppband-Technik nenne. Damit bildest du die Grundform des Helms. Dazu wickle ich Alufolie um meinen Kopf und beklebe diese anschließend mit Kreppband. Damit ist sicher, dass der Helm passen wird. Ich mag es, wenn Helme sehr fest sitzen. Ich möchte, dass sie schlank und stromlinienförmig aussehen und nicht so sperrig wie Wackelkopffiguren. Wer schön sein will, muss leiden, stimmt's?

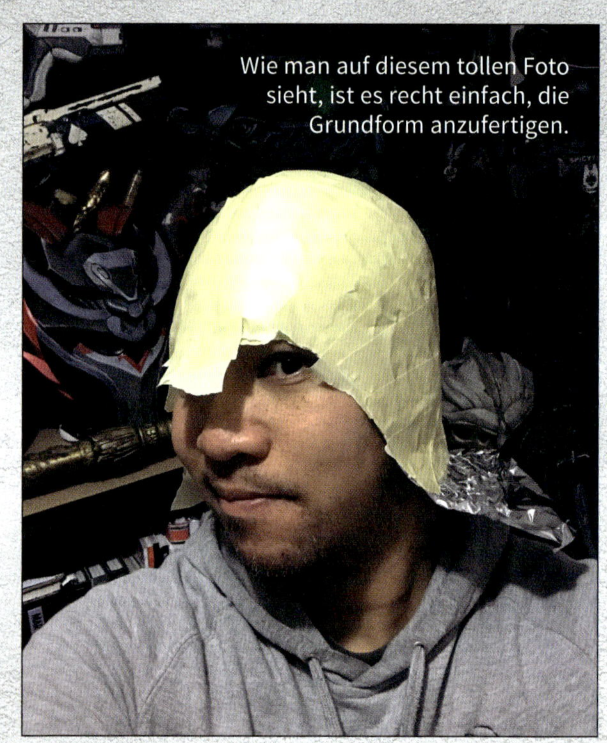
Wie man auf diesem tollen Foto sieht, ist es recht einfach, die Grundform anzufertigen.

DIE GRUNDFORM DES HELMS ERSTELLEN

Mein nächster Schritt ist es, eine Schablone anzufertigen. Die Grundidee ist, die Form in mehrere leicht zu bewältigende Einzelteile aufzuteilen, die nacheinander geformt und dann zusammengesetzt werden, um die gewünschte Passform, das Aussehen und ein bequemes Tragegefühl zu bekommen.

Erst zeichne ich die Schnittkanten und Referenzpunkte für die Einzelteile ein. Diese Punkte helfen später, die Teile korrekt zusammenzusetzen. Du solltest auch an den Rändern Referenzlinien einzeichnen. Bevor ich die Teile schneide, beschrifte ich sie: *links, rechts, vorne, hinten,* um nicht versehentlich die falschen Stücke zusammenzukleben und neu anfangen zu müssen. *Abb. A*

Dann schneide ich vorsichtig die Schablone aus. Ich habe jetzt eine perfekt passende Schablone, aber damit ist es nicht getan. Ich muss die Dicke des Materials bedenken, mit dem ich arbeite. Wenn ich zum Beispiel mit 4 mm dickem Schaumstoff arbeite, muss ich 4 mm zu meinen Schablonenteilen dazu addieren. So erhalte ich die notwendige Fläche beim späteren Kleben. Wenn ich mit dünnem Material arbeite, ist es nicht so entscheidend, aber es ist trotzdem besser, die Schablonenstücke etwas größer zu machen, damit der Helm am Ende nicht zu eng wird. Es ist besser, die Helmteile etwas zu groß zu machen und dann leicht zu verkleinern, als am Ende mit einem zu engen Helm dazustehen! Es ist zeitaufwändig, zusätzliche Stücke zum Vergrößern eines Helms einzufügen, und oft sieht es nicht so aus, wie man wollte.

Als nächstes übertrage ich die ersten Schablonenstücke auf Karton. Mithilfe der Kartonschablonen schneide ich alle Helmteile aus EVA-Schaumstoff aus, wobei ich die Markierungen und die Beschriftungen für vorne, hinten, rechts und links sorgfältig übertrage, damit ich die Teile später zusammensetzen kann. *Abb. B*

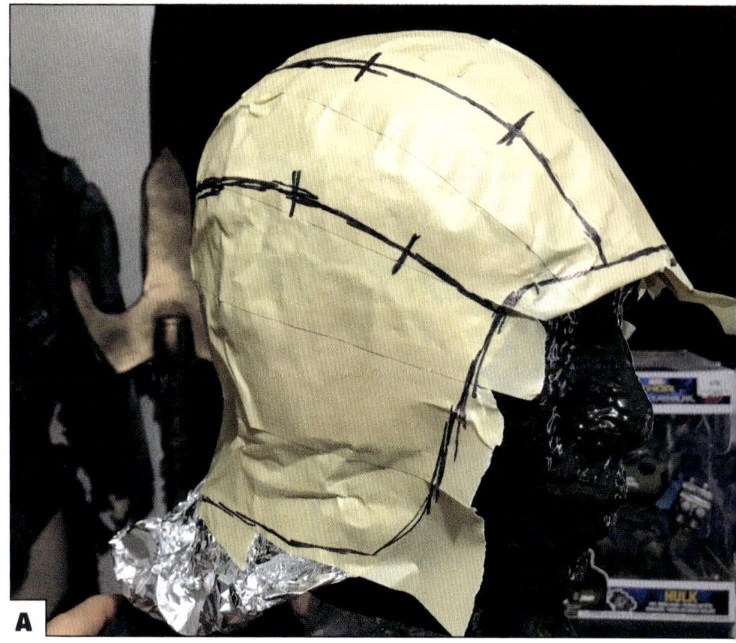
A

B

Viele Maker ziehen es vor, Schaumstoffteile vor dem Kleben mit Hitze in Form zu bringen. Ich forme die Schaumstoffteile zwar, wenn der Helm komplexe Kurven hat, meist lasse ich diesen Schritt aber aus. Wenn du vor dem Kleben den Schaumstoff erhitzt, denke an gute Belüftung und dein Sicherheits-Equipment.

Jetzt bin ich bereit, alles zu verkleben. Auf Seite 66 kannst du noch einmal alles zum Kleben nachlesen. Der erste Schritt zum erfolgreichen Verkleben ist, dafür zu sorgen, dass die Kanten aller Teile glatt und sauber sind. Da ich Helme eher eng trage, müssen die Kleberänder stabil sein. Am besten ist es, alle Teile einer Hälfte gleichzeitig zu kleben, sodass du danach nur noch beide Hälften zusammensetzen musst. *Abb. C*

Der Schlüssel zum perfekten Kleberand ist es, mit einer sauberen Kante zu beginnen. Verwende nicht zuviel Kleber und verstreiche die Masse gleichmäßig auf den zu klebenden Flächen. Ich richte meine Markierungen sorgfältig aus, dann drücke ich die beiden Hälften zusammen, um die beiden Helmhälften sauber zu verbinden. *Abb. D-E*

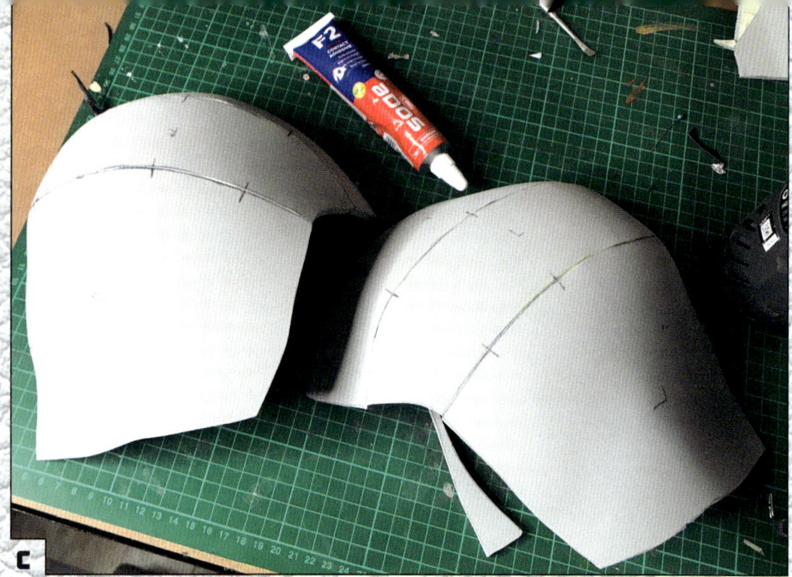

C

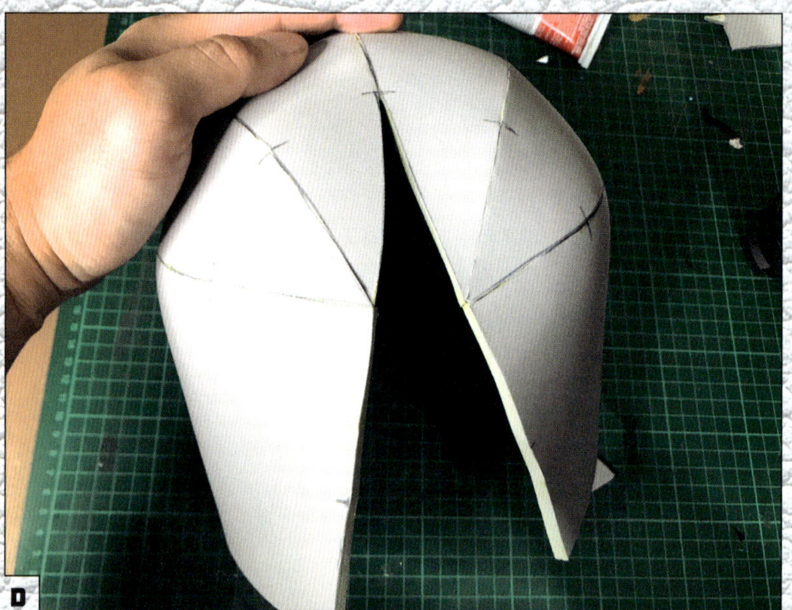

D

E

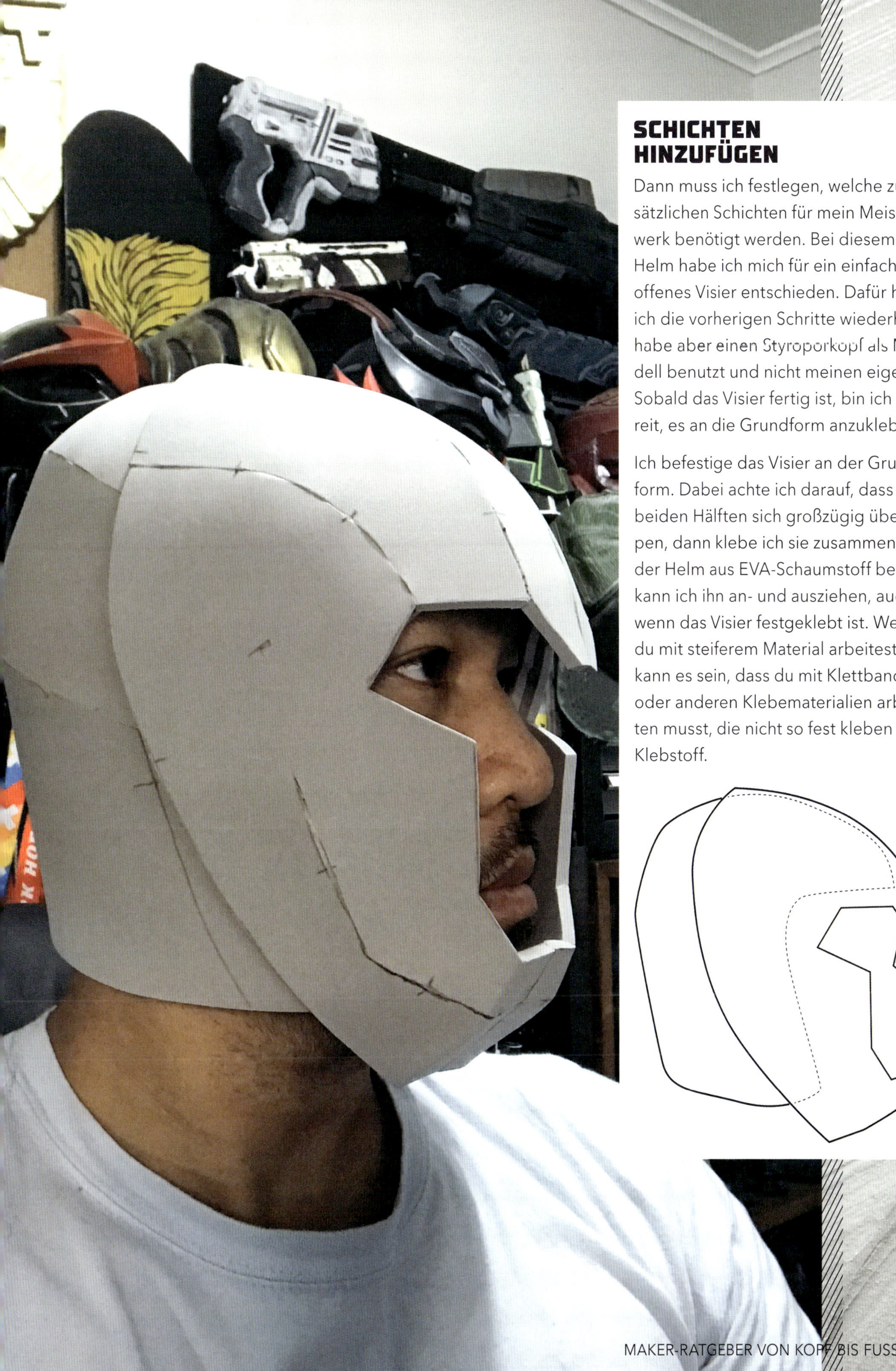

SCHICHTEN HINZUFÜGEN

Dann muss ich festlegen, welche zusätzlichen Schichten für mein Meisterwerk benötigt werden. Bei diesem Helm habe ich mich für ein einfaches, offenes Visier entschieden. Dafür habe ich die vorherigen Schritte wiederholt, habe aber einen Styroporkopf als Modell benutzt und nicht meinen eigenen. Sobald das Visier fertig ist, bin ich bereit, es an die Grundform anzukleben.

Ich befestige das Visier an der Grundform. Dabei achte ich darauf, dass die beiden Hälften sich großzügig überlappen, dann klebe ich sie zusammen. Da der Helm aus EVA-Schaumstoff besteht, kann ich ihn an- und ausziehen, auch wenn das Visier festgeklebt ist. Wenn du mit steiferem Material arbeitest, kann es sein, dass du mit Klettband oder anderen Klebematerialien arbeiten musst, die nicht so fest kleben wie Klebstoff.

Dann füge ich die nächste Schicht des Visiers an, dieses Mal aus Worbla. Dafür forme ich das Worbla in erwärmtem Zustand, um es dem Schaumstoff anzupassen, mithilfe einer Gesichts-Maske. Hier habe ich eine benutzt, die ein Vakuum bildet, um die gewünschte Form zu erzielen.

Zum Schluss arbeite ich weitere Details in das Worbla und die Schaumstoff-Schichten. Ich bearbeite die Schichten nacheinander, um das Relief herauszuarbeiten. Das Innenvisier aus Worbla fixiere ich mit Kontaktkleber am äußeren Visier.

Mein Reaper-Helm, inspiriert von Reaper aus Overwatch, ist ein weiteres gutes Beispiel für die Konstruktionsweise meiner Arbeiten. Hier ging es darum, etwas fantastischere Formen zu gestalten. Nachdem ich diverse Skizzen und In-game-Screenshots studiert hatte, begann ich, den Helm aus Alufolie zu formen. Alufolie eignet sich sehr gut für Skulpturen, weil sie so einfach verformbar ist. Alles, was du brauchst, ist eine Heißklebepistole zum Befestigen der einzelnen Folienteile. Pass dabei auf, dass du dich nicht verbrennst. Wie gewöhnlich, wenn ich ein Stück aus Alufolie forme, beginne ich mit einer Grundform, die meinem Gesicht entspricht. Dann klebe ich eine Schicht Kreppband auf, damit die Form erhalten bleibt. Anschließend kommen weitere Schichten Alufolie für das Aussehen und die Form meiner fertigen Maske. Die zweite Schicht Alufolie lässt sich leicht entfernen, um Schablonen zu formen.

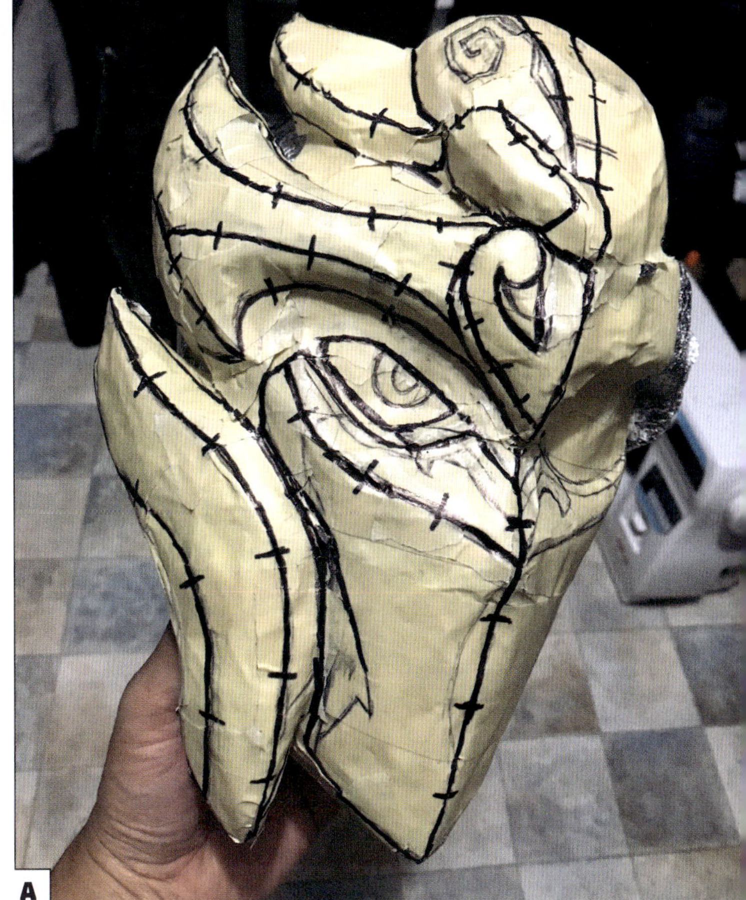

A

Als Nächstes habe ich den gesamten Alufolienhelm mit Kreppband beschichtet, wobei ich möglichst glatt geklebt habe. Dann habe ich mit Folienstift die Schnittlinien markiert. Ich habe auch Referenzmarkierungen eingezeichnet, um später zu wissen, welche Teile zusammengehören. Damit hatte ich all meine Vorlagen beisammen. *Abb. A-B*

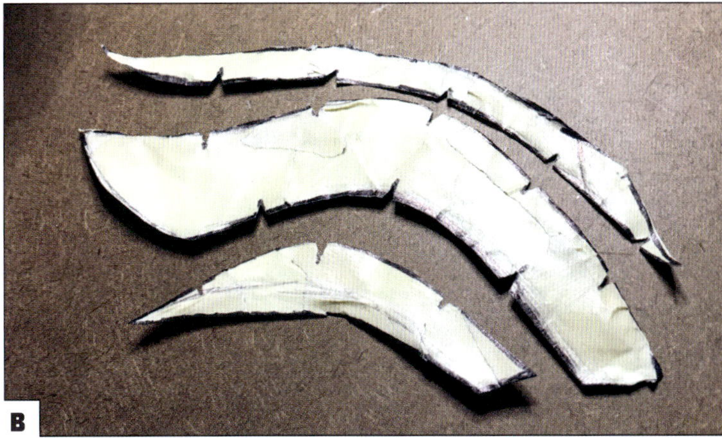

B

Die gerade zugeschnittenen Vorlagen habe ich auf EVA-Schaumstoff übertragen, die Teile ausgeschnitten und Stück für Stück zusammengeklebt, wobei ich sorgfältig alle Referenzmarkierungen beachtet habe. Dieser Helm ist recht komplex. *Abb. C*

C

Wie du an den Anfängen dieses Reaper-Helms siehst, kannst du diese Technik auch bei jedem beliebigen anderen Helm anwenden. Denke daran, dass das Wichtigste dabei ist, immer die Referenz-Markierungen zu beachten und alle Teile zu beschriften, da man sich sonst leicht vertun kann!

RÜSTUNGEN ANFERTIGEN

Der Schlüssel zur bequemen und beweglichen Rüstung beginnt mit sorgfältig bemessenen Brustpanzer- und Schulterstücken. Diese Lektion habe ich leidvoll anhand meines Zwergenkostüms aus Der Hobbit lernen müssen. Es sah toll aus, wirklich fast genauso wie die Kostüme im Film, aber ich konnte mich kaum darin bewegen!

Es war schwer, in dem Kostüm zu laufen, und mit dem großen Brustpanzer konnte ich mich auch nicht hinsetzen. Wenn ich meine Axt fallen ließ, konnte ich sie unmöglich aufheben. Ich trug das Kostüm bei meinem ersten Besuch der PAX West and Dragon Con. Blöderweise war ich damit zu breit für den Bus und musste laufen. Nach einer halben Stunde Fußmarsch bei 39 °C war ich völlig erschöpft. Nach dieser Reise nahm ich mir vor, dass ich es nie wieder so unbequem haben wollte. Trotz aller Probleme mit Tragekomfort und Beweglichkeit liebe ich das Kostüm aber nach wie vor.

Zusätzlich zu diesen Problemen war es ein Albtraum, die große Zwergenrüstung in einen Koffer zu packen. Inzwischen entwerfe ich meine Kostüme grundsätzlich so, dass man sie einfach auseinandernehmen und gut einpacken kann. Das und mein Hartschalenkoffer helfen, dass die Kostüme unterwegs keine Schäden erleiden.

Beginnen wir unsere Rüstung mit dem wichtigsten Element - dem Brustpanzer. Ich weiß, dass es logischer wäre, mit den einfachsten Teilen anzufangen, den Armschienen zum Beispiel. Aber wir wissen schon, dass wir immer mit dem Helm und dem Brustpanzer beginnen, auch wenn das bedeutet, dass man sie am Ende noch einmal anfertigen muss, weil unsere Fähigkeiten sich während der Arbeit am Kostüm so verbessert haben.

COSPLAYER: Spicythaidesign
KOSTÜM: Erebor-Zwerg aus *Der Hobbit*
Foto von Richard Heaps

KOSTÜME: Von links nach rechts Thai-Rüstung und Orbital Drop Shock Trooper aus *Halo*

DER BRUSTPANZER

Ich habe für mich ein paar Regeln aufgestellt, die ich immer beachte, damit meine Rüstung beweglich ist. Erstens beginne ich grundsätzlich mit dem Brustpanzer. Es ist wichtig, diesen nicht zu breit zu machen. Stell sicher, dass du die Arme vor der Brust verschränken und die gegenüberlegenden Seitenstücke mit den Händen erreichen kannst. Ist der Brustpanzer zu weit, wird er verschoben, wenn du den Arm über den Oberkörper ausstreckst. Das ist ein großes Problem, wenn dein Kostüm Waffen beinhaltet, besonders Schusswaffen. Mit überdimensionalen Brustpanzern kannst du Schusswaffen nicht richtig halten.

Du siehst ein Beispiel für meine Methode beim Anpassen anhand meines Red-Ranger-Kostüms aus Power Rangers. Der Brustpanzer passt mir, erlaubt Bewegungsfreiheit und passt zu dem Look, den ich mit dem fertigen Kostüm anstrebe.

KOSTÜM: Red Ranger aus *Power Rangers*

Die Illustration rechts zeigt die Umrisse eines simplen Brustpanzers. *Abb. A*

Wenn mein Kostüm einen voluminöseren Brustpanzer vorsieht, nutze ich mehrere Schichten, um Größe und Volumen hinzuzufügen und trotzdem meine Bewegungsfreiheit zu behalten. Ich lege eine zweite Schicht unter die erste, um ihn breiter zu machen, und befestige die hinzugefügten Teile mit Gummiband. Wenn ich mich bewege, bewegen sich die Schichten automatisch mit. Das lässt den Brustpanzer breiter wirken, als er tatsächlich ist, und erlaubt gleichzeitig einen normalen Bewegungsradius und Tragekomfort.

Wenn du diesen Ansatz verfolgst, achte darauf, dass sich die Schichten ausreichend überlappen, damit die untere Schicht bei der Bewegung nicht herausspringt. *Abb. B*

Zum Befestigen der beiden Teile finde ich Gummiband am besten geeignet. Ich arbeite oft mit 2 mm breitem Gummiband, das ich an mehreren Stellen befestige. Das erlaubt die ungehinderte Bewegung der Teile und lässt sie an ihre Ausgangsposition zurückkehren. Für die Fixierung schneide ich ein Loch in das hinzugefügte Teil, ziehe das Gummiband hindurch und befestige es an den Unterseiten beider Teile sowie am Brustpanzer. *Abb. C*

Benutze immer reichlich Gummihalterungen, damit sich die Teile geschmeidig bewegen lassen und nicht auseinanderklaffen. *Abb. D*

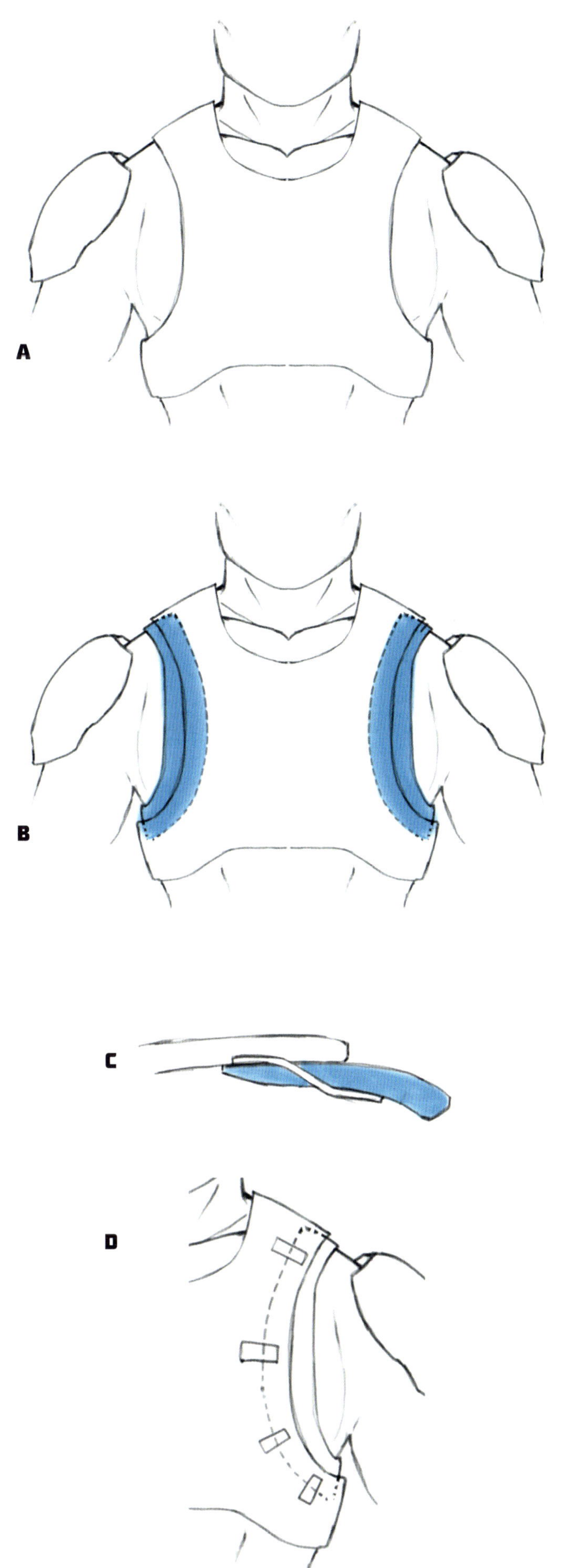

DIE SCHULTERSTÜCKE

Bei Schulterstücken gilt es, zweierlei auszutüfteln: die Gesamtgröße der Schulterstücke und wie du sie am Brustpanzer befestigst. Wir haben alle schon Kostüme gesehen, bei denen die Schulterstücke so übergroß waren, dass die Cosplayer kaum ihre Arme heben können.

Ich versuche immer, zu vermeiden, dass sich die Schulterstücke bis zur Achsel ziehen, denn Schulterstücke behindern die Armbewegung nach vorne und hinten, wenn sie zu breit sind.

Wenn ich längere Schulterstücke brauche, arbeite ich wieder in Schichten und füge weitere Segmente ein, die Oberarmschienen genannt werden. Ich gestalte meine Schulterstücke in mehreren Teilen und schichte sie übereinander, um Volumen zu generieren und trotzdem Bewegungsfreiheit zu behalten.

In der Illustration rechts siehst du die Grundbestandteile meiner Schulterstücke und wie ich sie am liebsten am Brustpanzer befestige. Wie bei den mehrteiligen Brustpanzern mache ich alle Teile so groß, dass sie sich ausreichend überlappen, sodass genügend Platz bleibt, um Riemen und Halterungen zu befestigen. *Abb. A*

A

Meist befestige ich die Teile der Schulterstücke mit Leder. Es ist so haltbar, dass ich mit Kontaktkleber oder Nieten arbeiten kann, um die Teile zu fixieren. Außerdem ergibt es einen einheitlicheren Look, wenn der Rest des Kostüms noch weitere Lederelemente hat.

Um die Schulterstücke am Kostüm und die einzelnen Bestandteile der Schulterstücke aneinander zu fixieren, benutze ich Lederstreifen. Beachte, dass ich nicht den ganzen Streifen befestige, sondern nur die Enden, und das Stück zwischen den beiden Teilen nicht verklebe, damit die Schulterstücke und Oberarmschienen sich frei bewegen können. *Abb. B*

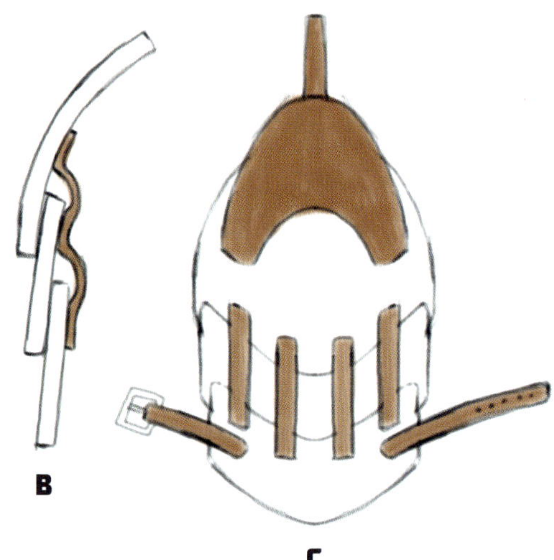

In der letzten Illustration siehst du die Unterseite eines typischen Schulterstücks, einschließlich der Lederhalterungen. Im letzten Schritt füge ich noch eine Halterung mit Schnallen an der unteren Kante der letzten Oberarmschiene hinzu, die das Stück am Arm befestigen. Um sicherzugehen, dass die Schnallen am fertigen Kostüm in die gleiche Richtung ausgerichtet sind, setzt du die Schnallen beidseitig gespiegelt an und beschriftest an der Unterseite, welche rechts und welche links sitzt. *Abb. C*

DER MUSKELPANZER

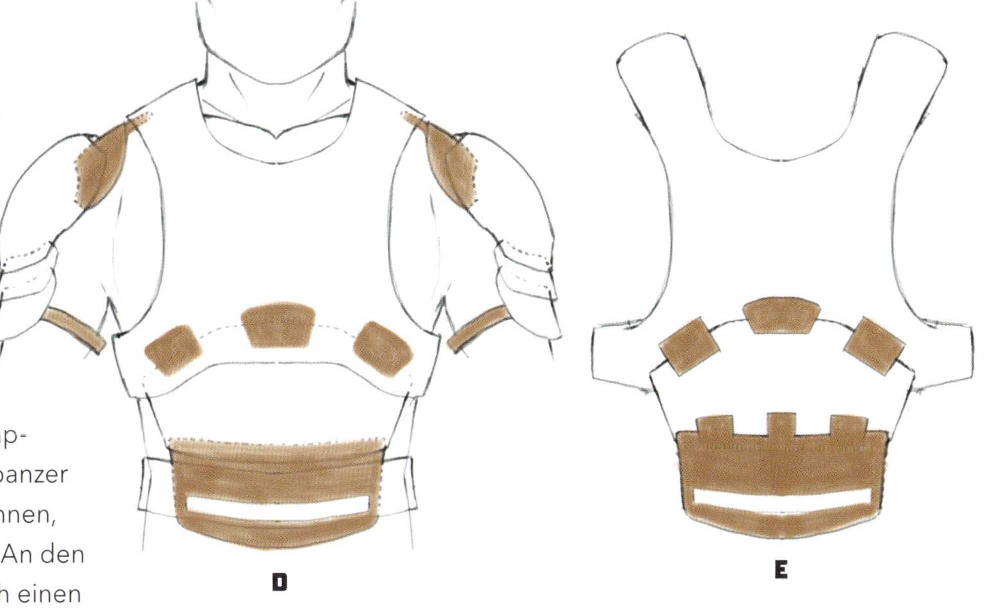

Den Muskelpanzer befestige ich unterhalb des Brustpanzers mit einem breiten Lederstreifen, genau wie die einzelnen Bestandteile der Schulterstücke. Wie bei den Oberarmschienen lasse ich sie ausreichend überlappen, sodass Brust- und Muskelpanzer sich übereinander schieben können, ohne dass eine Lücke entsteht. An den Unterkanten der Teile bringe ich einen weiteren Lederstreifen an, um die Rüstung zusammenzuhalten.

Dann setze ich zusätzlich Klettband an diesen Lederstreifen, mit dem ich den Muskelpanzer am Gürtel befestigen kann. Es gibt nichts Schlimmeres, als über eine Con zu laufen und vor jedem Foto den Muskelpanzer wieder zurechtschieben zu müssen. Und ja, ich spreche aus Erfahrung! *Abb. D*

Oben rechts zeigt einen Einblick unter meine übliche Ausstattung. Man sieht die Platzierung und Anzahl der Fixierungsstreifen und die Halterung aus Leder. *Abb. E*

Meine ODST (Orbital Drop Shock Trooper-) Rüstung aus Halo ist nach diesem Prinzip angefertigt.

KLETTBAND-TIPP

Wenn du mit Klettband arbeitest, sollte die Seite mit den Häkchen immer weg vom Körper zeigen. Die Gegenseite ist weicher und kratzt nicht, wenn das Klettband nicht exakt geschlossen ist.

COSPLAYER: Spicythaidesign

KOSTÜM: Orbital Drop Shock Trooper-Rüstung aus *Halo*

Foto von Peter Iti von Kohika Creative

DER RÜCKENPANZER

Den Rückenpanzer fertige ich mehr oder weniger genauso an wie den Brustpanzer, aber es ist wichtig zu wissen, dass der Halsausschnitt am Rückenpanzer weiter oben verläuft als am Brustpanzer. Außerdem ist die Halterung an der Unterkante länger als die am Muskelpanzer; allerdings benutze ich hier kein Klettband. Wenn man sich beim Bücken vorbeugt, um etwas aufzuheben, erlaubt das längere Stück die Bewegung. Wenn es mit Klettband befestigt wäre, würde es das Rückenteil des Kostüms nach oben ziehen, wenn du dich vorbeugst - das wäre sehr unbequem! *Abb. A*

Meine übliche Methode für das Anbringen der letzten Halterungen ist **unten** zu sehen. Meist bereite ich mich alleine auf den Besuch von Cons vor, also brauche ich Halterungen, die das An- und Ausziehen der Kostüme ohne fremde Hilfe erlauben. Dafür setze ich die Schulterschnallen nach vorne. Ich finde, dass das die Vorderseite noch etwas detailreicher macht. Man könnte Vorder- und Rückenteil auch an der Schulter zusammenkleben, was es noch leichter machen würde, das Kostüm anzuziehen, aber es würde nicht so authentisch aussehen. Wenn Vorder- und Rückseite einzeln sind, kannst du sie leichter mitnehmen oder verstauen. Ich mache den Schulterbereich des Rückenpanzers länger als den der Vorderseite, also überlappen sie den Brustpanzer, an dem die Schnallen angebracht sind. *Abb. B*

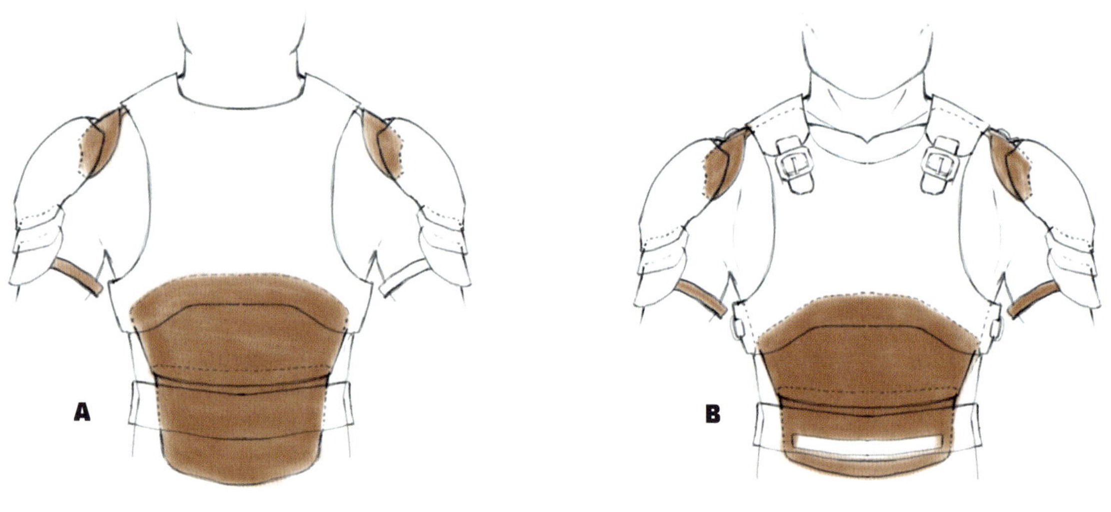

Mein Ansatz zum Formen der Seiten des Rückenpanzers ist so ähnlich, aber ich erlaube eher dem Brustpanzer, den Rückenpanzer zu überlappen als umgekehrt, wie an den Schultern. Für die Seiten fixiere ich die Schnallen am Rückenpanzer, sodass der überstehende Riemen nach hinten zeigt, damit es ordentlicher aussieht. *Abb. C-D*

Brust- und Rückenpanzer meiner Thai-Rüstung sind nach der **oben** beschriebenen Methode entstanden.

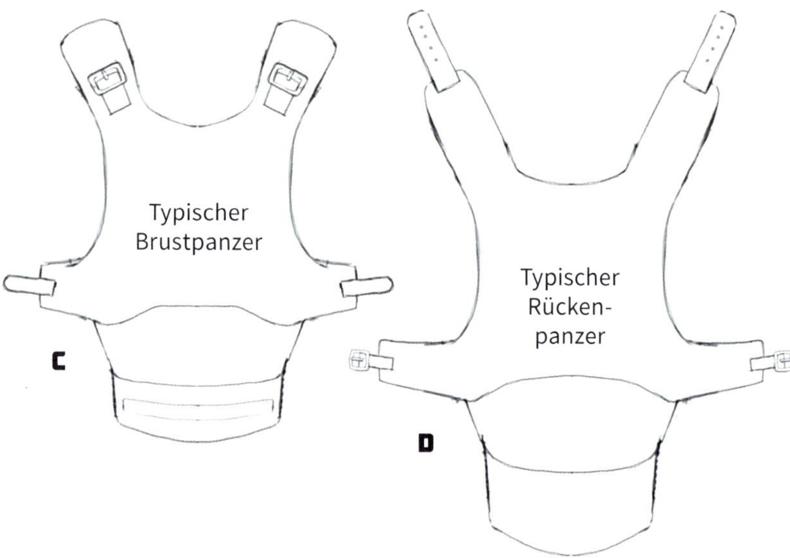

COSPLAYER: Spicythaidesign
KOSTÜM: Thai-Rüstung
Foto von Christina Phillips Photography

Vlnr: eine schlecht geformte Armschiene, eine korrekt geformte Armschiene, eine unbequeme Schienbeinschiene, eine korrekt geformte Schienbeinschiene.

ARMSCHIENEN, SCHIENBEINSCHIENEN UND SCHENKELSTÜCKE

Armschienen, Schienbeinschienen und Schenkelstücke gehören oft zu den einfacher herzustellenden Rüstungselementen, aber wenn du sie nicht richtig formst, kann es beim Tragen sehr unangenehm werden. Bevor du anfängst, solltest du wissen, dass Armschienen und Schienbeinschienen keine Schläuche sind. Wenn ich eine gut sitzende, sexy Rüstung möchte, gehe ich sicher, dass diese Elemente an meinen Unterarmen und Beinen anliegen. Ich beginne mit einem Rechteck aus schwerem Papier, dann schneide ich eine Kuhle in die Innenseiten der Armschienen, knapp unter dem Ellbogen, damit ich meine Arme beugen kann. Die Stücke werden zum Handgelenk hin schmaler, damit sie besser sitzen. Sobald ich die gewünschte Form habe, übertrage ich diese Schablone auf das gewählte Material. Ich bevorzuge Leder für die Arm- und Schienbeinschienen, da dieses Material sehr abnutzungsresistent ist, man kann sie aber auch aus EVA-Schaumstoff anfertigen. Ich befolge die gleichen Schritte bei den Vorlagen für die Schienbeinschienen, wobei die Stücke hinter und unterhalb der Knie schräg zulaufen, sodass ich die Knie beugen kann, und zum Knöchel hin schmaler werden. Dann übertrage ich die Vorlagen für die Schienbeinschienen auf das gewählte Material und schneide sie aus.

Beachte, dass Details und Verzierungen erst nach dem Ausschneiden hinzugefügt werden sollten, aber bevor du die Halterungen anbringst. Zeichne die Befestigungspunkte vor dem Hinzufügen von Details ein, damit sie nicht stören.

Dann füge ich eine Schicht Leder als Futter an Arm- und Schienbeinschienen ein. Leder kann sehr körpernah getragen werden und fühlt sich angenehm an, und es ist sehr haltbar, darum ist es auch am besten für Halterungen geeignet – Arm- und Schienbeinschienen müssen einiges aushalten. Um eine passende Unterlage zu erhalten, greife ich auch hier wieder zu Alufolie und Kreppband, um ein Modell meiner Waden und Unterarme herzustellen. Dieses Modell benutze ich als Schablone für Leder und Unterlage, was sich jetzt handgefertigt anfühlt.

Zweimal messen!

Es ist immer besser, Modelle für die rechten und linken Arme und Beine anzufertigen, und entsprechend zu beschriften. Meine rechte Wade ist aufgrund einer Verletzung, die ich mir in meinen frühen Zwanzigern zugezogen habe, etwas dünner als die linke. Ich habe einmal nur Maß an der rechten Wade genommen, was dazu führte, dass die linke Schienbeinschiene einfach nicht passen wollte! Ein Arm und ein Bein werden immer dominant sein, also ist es besser, zwei Modelle anzufertigen, als dass am Ende ein Element des Kostüms nicht passt.

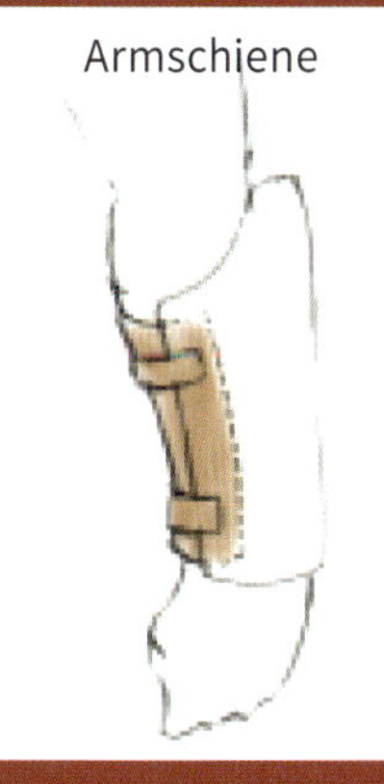

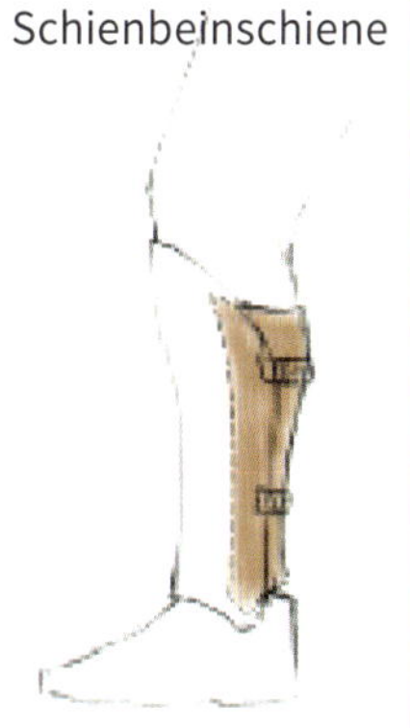

COSPLAYER: Spicythaidesign

KOSTÜM: Reaper mit Lu Bu-Haut aus *Overwatch*

Foto von Josh Groom

COSPLAYER: Spicythaidesign
KOSTÜM: Warlock aus *Destiny*
Foto von Madeleine Buddo

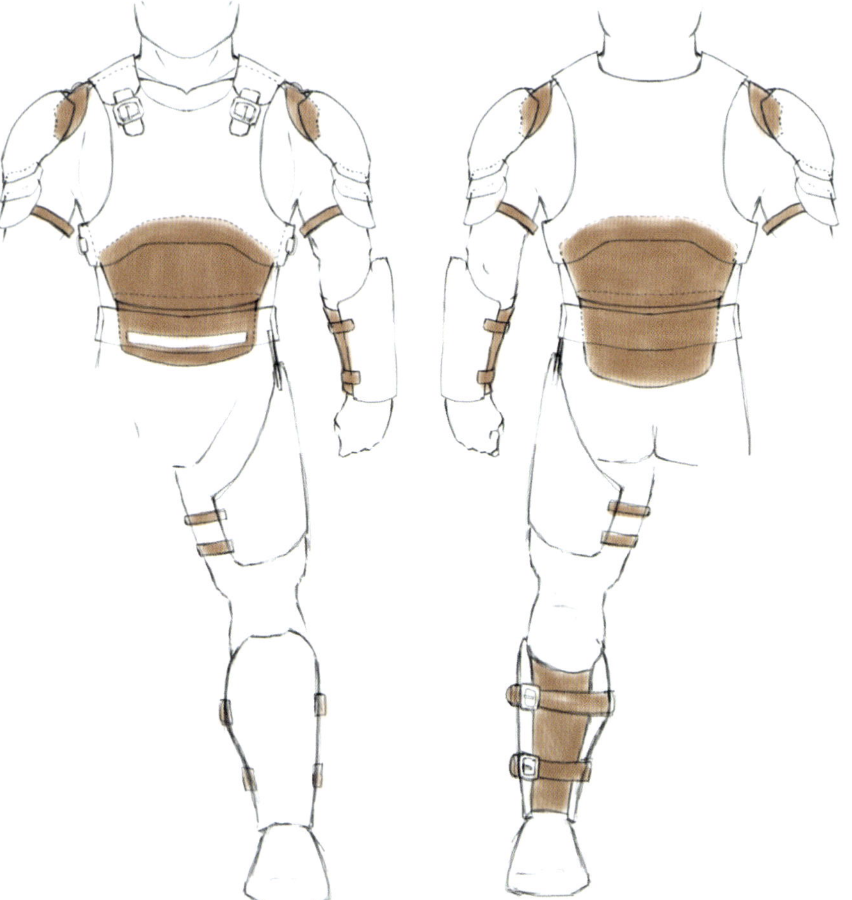

Als Letztes kommen die Halterungen. Ich bevorzuge Leder, aber du kannst auch jedes andere Material verwenden. Ich achte immer darauf, die Schnallen oder Befestigungen an der Außenseite der Beine anzubringen, sodass die Schienbeinschienen beim Gehen nicht hängenbleiben. Und ich bringe die Schnallen der Armschienen an der Innenseite der Unterarme an, damit das Endstück des Riemens nicht herunterhängt und unordentlich aussieht.

Mein Reaper-Kostüm ist ein gutes Beispiel für das Anfertigen passender Armschienen.

Dieses Foto von meinem dritten Warlock-Kostüm zeigt die Unterschicht und die Schnallenhalterungen der Armschienen.

Beim Anfertigen der Schenkelstücke beginne ich mit einem rechteckigen Stück Packpapier und schneide Vorder- und Rückseite der oberen Kante spitz zulaufend zu, um Bewegungsfreiheit zu bekommen. Dann passe ich die Länge den Maßen meiner Oberschenkel an und nehme andere notwendige Anpassungen vor, um die gewünschte Form zu erzielen. Das ist dann meine Vorlage für das Schenkelstück, das ich entweder aus EVA-Schaumstoff oder Leder anfertige.

Das Schenkelstück ist oben mit dem Gürtel verbunden. Am unteren Ende füge ich ein paar Halterungen an, die das Stück am Oberschenkel befestigen. Dafür verwende ich meist Gummiband, denn es erlaubt mehr Bewegungsfreiheit und ist bequemer.

Die Illustrationen links zeigen, wie meine Schenkelstücke normalerweise konfiguriert sind.

REQUISITEN BAUEN

Am Anfang meiner Karriere im Jahr 2013 habe ich zum Spaß Requisiten gebaut. Meine ersten Projekte waren alle aus geschlossenporigem Styropor, weil Andrew DFT in seinen YouTube-Videos mit diesem Material arbeitet. Ich fand geschlossenporiges Styropor gut geeignet für Anfänger. Man kann es mit einem kleinen Cutter sehr einfach schnitzen. Hier sind einige meiner ersten Requisiten aus Styropor.

Binary Rifle in Spartan-Format aus *Halo 4*

M16 Maschinengewehr mit Granatenwerfer

Beim Requisitenbau ist die erste Entscheidung immer die für ein bestimmtes Grundmaterial. Ich bedenke dabei die fertige Größe und das Gewicht. Die beiden Handfeuerwaffen für das Reaper-Kostüm aus Overwatch bestehen aus drei Schichten EVA-Schaumstoff. Ich wollte die Waffen so leicht wie möglich machen, da ich sie den ganzen Tag mit mir herumtragen musste.

Ich fange mit einer Papiervorlage der Grundform an, schneide diese sorgfältig aus und setze dann die einzelnen Schichten zusammen, wobei ich darauf achte, dass die Schichten auf beiden Seiten gleich sind, sodass ein 3D-Objekt entsteht. Ich glaube, dass meine Vorkenntnisse von Drucktechnik und Vektorillustration der Grund sind, warum ich gerne in Schichten arbeite. Ich zerlege den Gegenstand, den ich bauen will, beginne mit der Grundschicht und füge dann Schicht um Schicht hinzu, bis ich bei den feinen Details angekommen bin. *Abb. A*

Wenn ich runde oder geformte Details hinzufügen muss, greife ich beim Anfertigen der Vorlagen eher zur bewährten Kreppband-Alufolien-Methode als zu Papier. *Abb. B*

Bei diesen beiden Schusswaffen- Requisiten habe ich als oberste Schicht Worbla auf das Styropor geklebt. Ich habe Worbla gewählt, weil es eher der Oberfläche entspricht, die ich haben wollte, und es feiner zu bearbeiten ist. Ich habe ein rechteckiges Stück Worbla ausgeschnitten, es mit Heißluft um den Styroporkern gelegt und den Überstand abgeschnitten. Die Teile, die ich den ganzen Tag halten musste, habe ich nicht mit Worbla beklebt, da der Schaumstoff angenehmer anzufassen ist.

Den Kern habe ich aus EVA-Schaumstoff gebaut, da ich zwar die Detailreiche von Worbla nutzen wollte, aber ein komplett aus Worbla bestehendes Requisit viel zu schwer wäre, um es den ganzen Tag mit sich herumzutragen.

A

B

Worbla verstärken

Wenn ich nur eine Schicht Worbla aufbringe, habe ich manchmal Sorge, dass es nicht stabil genug ist. Um die Verklebung zwischen Styropor und Worbla zu verstärken, trage ich eine dünne Schicht Urethanharz auf den Schaumstoff auf, bevor ich mit Heißluft das Worbla hinzufüge. Bitte immer alle Sicherheitshinweise des Herstellers beachten.

C

Nachdem die letzten Details fertig waren, habe ich mit dem feinen Bandschleifer alle Flächen geglättet und die Kanten geschärft. *Abb. C*

Dann beschloss ich, noch ein paar Details hinzuzufügen. Ich klebte eine Schicht Worbla Pearly Art auf die Griffe und arbeitete am Hahn noch ein paar Feinheiten mit Worbla Black Art ein. Die Requisiten waren so gut wie fertig! *Abb. D*

Nach dem Lackieren aller meiner Waffen fügte meine Teamkollegin Johanna alle LED-Leuchten ein.

D

COSPLAYER: Spicythaidesign

KOSTÜM: Reaper mit Lu Blu-Haut aus *Overwatch*

Foto von Josh Groom

LASS UNS EINEN SCHILD BAUEN!

Seit ein paar Jahren habe ich das Glück, Gastdozent an der Toi Whakaari: New Zealand Drama School in Wellington zu sein, wo ich Kostüm- und Setdesign sowie Requisitenbau mit Worbla und EVA-Schaumstoff unterrichte. Mein Unterricht ist praktisch orientiert, und meist beginne ich damit, gemeinsam mit den Studenten einen Schild zu bauen. Es ist eine großartige Übung, denn als Requisitenbauer kann es durchaus passieren, dass man beauftragt wird, mit wenig Vorlaufzeit und noch weniger Budget einen Schild anzufertigen. Außerdem beleuchtet es sehr gut meinen Ansatz bei Requisitenbau und Entwurf.

Am meisten Freude habe ich daran, mitzuerleben, wie viel die Studenten in kurzer Zeit lernen, und die Begeisterung auf ihren Gesichtern zu sehen, wenn sie denken: »Ich hab's kapiert!« Auch wenn manche anfangs ihre Mühe mit den Materialien haben, ist es ein tolles und befriedigendes Gefühl, wenn sie anfangen zu verstehen und das Material richtig zu nutzen.

Mit Requisiten und Maske aus EVA-Schaumstoff, die im Zuge des Unterrichts an der Toi Whakaari entstanden

Foto von Colin Edson

Bei einem einfachen Schild fange ich mit einem Stück aus einer Gymnastikmatte aus EVA-Schaumstoff an. Damit ist die Größe des Schildes mehr oder weniger festgelegt. Die Grundform ist rund und leicht konkav. Nachdem ich einen perfekten Kreis ausgeschnitten habe, teile ich die Oberfläche mit senkrechten und horizontalen Linien in Quadranten auf. So ist es später einfacher, das Muster symmetrisch zu machen und die Einschnitte gleichmäßig zu verteilen. Dann mache ich in regelmäßigen Abständen keilförmige Ausschnitte um die Außenkante. Ich halte diese Ausschnitte klein, denn ich will nur eine sanfte Wölbung haben. Um eine stärkere Wölbung zu erzeugen, müsste man die Ausschnitte tiefer oder zahlreicher machen. Dann schließe ich diese Lücken mit Kontaktkleber und erhalte die gewünschte Form. *Abb. A*

Als Nächstes brauche ich eine Idee für die Verzierung des Schildes. Bei diesem hier bediene ich mich erneut bei meiner thailändischen Herkunft. Ein schönes Foto online von einer coolen thailändischen Steinskulptur, die einen Krieger mit Schild zeigt – und schon habe ich eine Inspiration für das Muster und fange an, es auf ein Stück Packpapier zu skizzieren. *Abb. B*

A

B

Jetzt fange ich mit dem Ausschneiden an! Zunächst schneide ich die größte Form des Musters aus. Aber nur die eine Hälfte des Musters, denn mein Schild bekommt ein symmetrisches Motiv. Ich zeichne die beiden Quadranten mit dem Motiv mit Silberstift ein, dann drehe ich die Schablone und übertrage das Motiv auf die andere Hälfte des Schildes. *Abb. C*

C

Als ich modellieren lernte, wurde mir beigebracht, mit Schatten zu arbeiten – mir vorzustellen, was für Schatten das Relief werfen würde. Das ist eine gute Technik, um sich Tiefe und Struktur vorzustellen. Wie du in dieser Fotoserie siehst, benutze ich meine ursprüngliche Skizze zum Erstellen getrennter Schablonen, je eine für jede Schicht meines Entwurfes. Ich beginne mit der ersten Papierschablone, dann schneide ich weitere Details aus für das Relief. Ich versuche, mir vorzustellen, wie das Licht auf das Motiv auftrifft und welche Schatten es wirft, um dem Muster Tiefe zu geben. *Abb. D*

D

Mit einem scharfen Messer schneide ich alle Schichten des Reliefs aus. Nach dem Ausschneiden schräge ich die Kanten des Schaumstoffs an und klebe diese Schicht für Schicht mit Kontaktkleber auf den Schild. Nach ein paar Wiederholungen ist der Schild wirklich detailreich! *Abb. E*

E

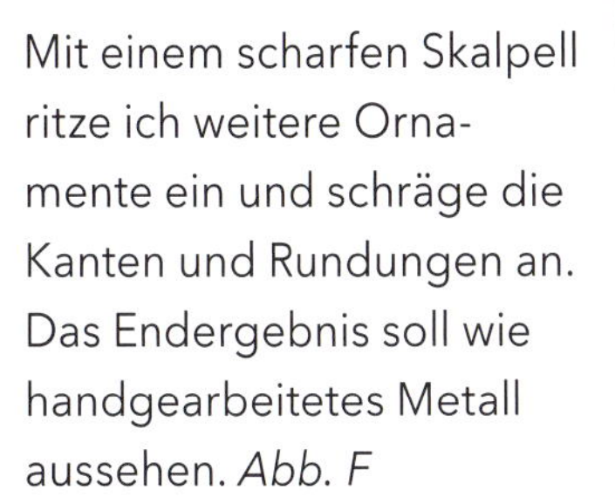

Mit einem scharfen Skalpell ritze ich weitere Ornamente ein und schräge die Kanten und Rundungen an. Das Endergebnis soll wie handgearbeitetes Metall aussehen. *Abb. F*

F

Von Nahem kannst du die feineren Details und die weichen Kurven sehen.

Danach füge ich nach Belieben weiter Verzierungen hinzu. Bei diesem Schild habe ich kleine Kreise mit der Lochzange ausgestochen. *Abb. G*

Dann klebe ich die Kreise an die Stellen, wo ich mir Nieten vorstelle. *Abb. H*

Die Kanten anzuschrägen ist wichtig. Das Ergebnis sieht dann wirklich nach Nieten aus und nicht nur wie Kreise. Ich benutze auch die runden Aufsätze der Schleifmaschine zum Abschleifen der Details in den äußeren Schichten des Motivs. *Abb. I*

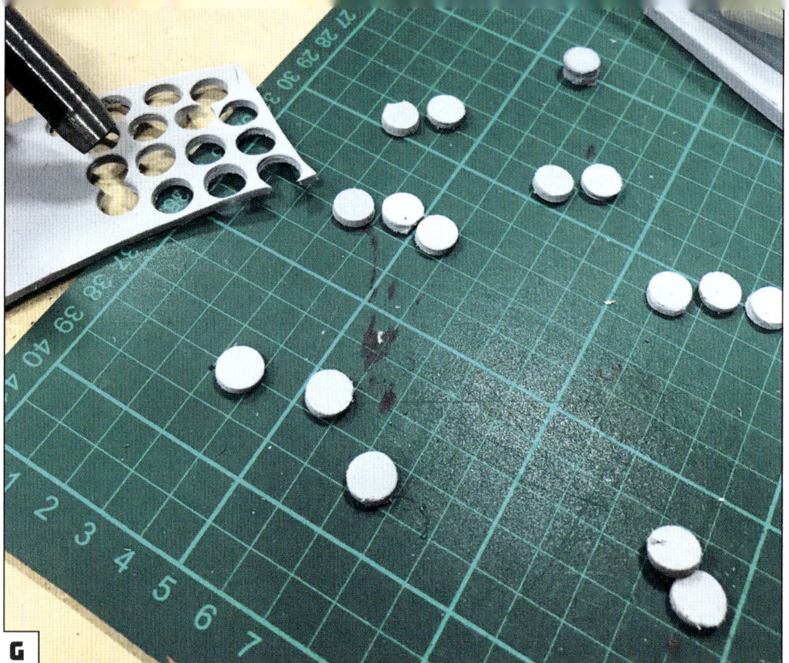

G

H

I

Jetzt ist es Zeit für die Kampfspuren. Ich stelle mir gerne vor, wie die einzelnen Schäden am Schild entstanden sind, und lasse mich davon leiten. Hier kannst du vom einfachen Maker zum Geschichtenerzähler werden! Ich denke darüber nach, wie das Requisit wohl benutzt worden wäre, was seine Funktion war und was genau passiert sein könnte, um diese Blessuren zu hinterlassen. Die Abnutzungen selbst arbeite ich mit dem runden Aufsatz des Bandschleifers ein, um Schrammen und Dellen zu erzeugen. Ich achte darauf, dass sich die Beschädigung durch alle Schichten zieht, und ich passe auf, dass ich es nicht übertreibe.

Wie du siehst, sieht diese Markierung so aus, als stamme sie von einem echten Schwert. Sie zieht sich in einer geraden Linie quer durch alle Schichten. Man kann sich förmlich vorstellen, wie dieser Schaden entstanden ist!

Im Anschluss an die Kampfspuren fülle ich alle Lücken zwischen den einzelnen Elementen mit Dichtungsmasse, damit das Schild wie ein zusammenhängendes Stück aussieht. *Abb. J*

J

Jetzt ist es Zeit, den Schaumstoff mit einer Schicht ablösbarem Flüssiggummi zu besprühen. Mir ist es lieber als Découpage-Versiegelung, da es haltbarer ist. Ich spiele gern mit den fertigen Requisiten und habe die Erfahrung gemacht, dass Découpage-Versiegelung manchmal abplatzt, wenn man daraufschlägt oder den Gegenstand reibt. Beim Aufsprühen von Flüssiggummi musst du eine Atemmaske trage und in einem gut belüfteten Raum arbeiten. Im Anschluss klebe ich die Teile ab, die nicht lackiert werden sollen.

Ich besprühe den Schild mit Goldfarbe.

Dann lasse ich die Farbe trocknen und ziehe das Klebeband ab. Das Kreppband abzuziehen ist wie das Auspacken eines Weihnachtsgeschenks!

Zu allerletzt folgt die Patina. Dafür mische ich Schwarz und gebranntes Siena, wasserlösliche oder Ölfarbe. Die Farbe kannst du verdünnen, um den Effekt subtiler zu machen. Ich bestreiche den gesamten Schild mit der Patina und lasse sie antrocknen. Dann wische ich die überschüssige Farbe ab und lasse die Patina in den Reliefs und Lücken, damit der Schild alt aussieht. Je länger die Patina trocknet, desto älter und mitgenommener sieht dein Schild aus.

Zum Schluss setze ich mit einem etwas helleren Farbton als die Sprühfarbe Glanzlichter an bestimmten Stellen.

SPASS BEI DEN CONS

COSPLAYER: Von links nach rechts: Spicythaidesign, Rawbomb und Evilted

KOSTÜME: Von links nach rechts: Warlock auf der Basis des Originaldesigns in *Destiny* 2, eigener Entwurf, Warlock aus World of Warcraft und ein Roter Dämon, eigener Entwurf von Evilted

Bei meiner ersten Reise zur BlizzCon in Anaheim

Wenn mir im Jahr 2013 jemand gesagt hätte, dass ich eines Tages um die Welt reisen und all die großartigen Maker treffen würde, denen ich online folgte, hätte ich bestimmt gedacht, dass sie lügen. Aber heute lebe ich genau diesen Traum. Als ich 2015 die ersten Aufträge für Kostüme erhielt, kamen die meisten Bestellungen aus den USA. Ich habe damals eine ganze Menge Halo-Requisiten gebaut und beschlossen, dass die PAX West 2015 meine erste Convention werden sollte. Es war eine tolle Erfahrung. Ich habe so viele Leute kennengelernt, mit denen ich über die Maker-Foren schon vernetzt war. Die erste Gruppe, mit der ich mich wirklich gut verstand, war die der Halo-Maker. Es hat mich begeistert, wie sie alle zusammenarbeiteten und wie sehr sie sich mochten. Sie empfingen mich mit offenen Armen, obwohl ich neu war.

Mit dem Zeitpunkt hatte ich großes Glück, denn die Dragon Con, die weltweit größte Cosplay-Party, findet zufällig genau am Wochenende nach der PAX statt. Ich dachte, PAX wäre eine große Show, aber die Dragon Con war wirklich fantastisch. Ich war so begeistert von all den vielen Cosplayern, die in vier verschiedenen Hotel-Lobbys in Atlanta feierten.

Mit Rebecca und Te Aroha bei der Auckland Armageddon.

COSPLAYER: Von links nach rechts: Spicythaidesign, Pinkstar14 und Te Aroha Pereiro

KOSTÜME: Von links nach rechts: Warlock aus *Destiny*, Alexstrasza aus World of Warcraft und Sailor Moon aus Sailor Moon

Obwohl die größte Convention in Auckland, Neuseeland nur etwa ein Viertel der Größe der Dragon Con hat, haben wir für ein so kleines Land doch so einige recht gute Cons. Meine erste Con in Neuseeland war die Auckland Armageddon 2013. Dass ich dort war, verdanke ich Peter und Dee Sowter. Ich hatte an ihrem Stand, Trinity Treasures, gearbeitet, an dem sie Nachbauten von Schwertern aus Filmen und Anime verkaufen.

Wenn ich nicht am Stand der Sowters gearbeitet hätte, wäre es mir nicht in den Sinn gekommen, eine Con zu besuchen. Die Arbeit bei Trinity Treasures brachte zahlreiche Begegnungen mit Makern und Cosplayern mit sich und gab mir als schüchterner Person Gelegenheit, neuseeländische Cosplayer kennenzulernen, die nicht aus meiner Heimatstadt waren. Und bei dieser ersten Con trug ich auch zum ersten Mal ein Kostüm! Mit dem Besuch dieser ersten Show hat also alles begonnen.

Eine Weile nach dieser Veranstaltung fand ich eine kleine Gruppe von Cosplayern und begann, an Treffen teilzunehmen und mit ihnen Fotos zu machen. Je öfter ich teilnahm, desto klarer wurde mir, wie talentiert die neuseeländischen Cosplayer waren. Wir sind hier am unteren Rand der Welt. Und obwohl wir vielleicht nicht immer das gleiche Material zur Verfügung haben, das der Rest der Welt hat, stellen wir trotzdem großartige Dinge her.

Für mich sind Cons mehr als Selbstdarstellung und Cosplay-Wettbewerbe; es geht dabei um die Menschen. Es geht darum, sich mit anderen Makern zu unterhalten und sich über Ideen und Techniken auszutauschen.

Sophy Wong mit ihrem fantastischen selbst entworfenen Raumanzug. Sie setzt wirklich neue Maßstäbe beim 3D-Druck, und es ist faszinierend, mit ihr zu sprechen.

COSPLAYER: Chad Hoku

KOSTÜM: Uther the Lightbringer aus World of Warcraft

Chads Rüstung ist ein wunderbares Beispiel für den Umgang mit Überdimensionalem. Schau dir diesen Adler am Schulterstück an. Er ist gigantisch, aber er hat ihn hinbekommen.

Die BlizzCon war eine Convention, die mich schon immer gereizt hatte, und 2017 war ich endlich dort. Ich bin zwar kein besonders guter Gamer, aber es ist eine der besten Adressen für Weltklasse-Cosplay mit Gaming-Hintergrund. Die Genauigkeit der Kostüme ist unübertroffen. Eine Menge der Charaktere, deren Kostüme hier gezeigt werden, haben keine menschlichen Proportionen, wie zum Beispiel die Charaktere in World of Warcraft und Overwatch.

COSPLAYER: Von links nach rechts: Bio Cosplay und Spicythaidesign

KOSTÜME: Von links nach rechts: Necromancer aus Diablo III und Warlock aus *Destiny*

Sam ist nicht zu übertrumpfen in seinem Kostüm.

Flo und ich sprechen darüber, wie cool es ist, beim Wētā Workshop zu arbeiten.

Foto von Jeton Shali LightWav3r

COSPLAYER: Von links nach rechts: Spicythaidesign und Polygon Forge

KOSTÜME: Von links nach rechts: Nova von Marvel und Anubis Tyto, eigenes Kostüm, inspiriert von Huizo_art von R-one Studios

Ein tolles Beispiel für das europäische Level von Perfektion, von dem ich sprach, ist Polygon Forge in ihrem Anubis-Tyto-Kostüm.

2018 war ich bei der Fantasy Basel eingeladen, der Schweizer Comic Con. In meinen wildesten Träumen hätte ich mir nicht vorgestellt, dass ich Gelegenheit haben würde, ans andere Ende der Welt zu fliegen, um meine europäischen Maker-Freunde zu treffen. Ich hatte das Glück, Flo Foxworthy, die Abteilungsleiterin Soft Costume bei Wētā, bei diesem Abenteuer an meiner Seite zu haben. Flo ist eine der besten Kostümbildnerinnen der Welt.

Europäische Maker sind Perfektionisten. Sie fangen ihre Projekte gar nicht erst an, bevor sie nicht das perfekte Material mit genau der richtigen Oberflächenstruktur für den Charakter, den sie darstellen wollen, gefunden haben. Haben sie das richtige Material, verbringen sie manchmal zehn Monate damit, mit der Hand Details anzunähen, um das perfekte Kostüm zu gestalten.

Es hat so viel Spaß gemacht, nach der Fantasy Basel mit den Egg Sisters durch die Schweiz zu reisen.

Manchmal kommt das Beste an einer Convention erst nach der Convention! Wenn der Spaß und die Aufregung der Convention vorbei sind, ist es toll, sich zu erholen, zu entspannen und die Sehenswürdigkeiten zu besuchen.

Man kann nicht leugnen, dass mein recht gutes Standing in der Cosplay-Welt auch daher rührt, dass mein Arbeitgeber eine der weltbesten Filmwerkstätten ist. Ansehen ist aber nichts, wonach ich strebe oder woran ich besonders viel Freude habe. Der Name Wētā Workshop hat mir viele Türen geöffnet, aber ich denke trotzdem, dass harte Arbeit einen genau so großen Anteil an meinem Erfolg hat.

2019 hatte ich die Möglichkeit, im Rahmen meiner Arbeit an der Emerald City Comic Con teilzunehmen. Ich hatte viele Freunde an der Westküste der Vereinigten Staaten, und sie hatten mir immer davon erzählt, wie großartig die Emerald City Comic Con ist. Ich war also begeistert, hinzugehen. Es war eine Ehre, den Wētā Workshop dort zu vertreten, aber noch wichtiger war es mir, als Maker anderen Makern zu zeigen, dass es möglich ist, in der Filmindustrie Fuß zu fassen, dass es sich lohnt, diesen Traum zu verfolgen und dass er erreichbar ist.

Bei der Emerald City Comic Con wurde ich zum Jurymitglied für den Cosplay-Wettbewerb berufen. Meine Mit-Jurymitglieder waren Philip Odango und Beverly Downen. Es war das erste Mal, dass ich bei einem großen Wettbewerb in der Jury saß, und die beiden haben mir sehr geholfen. Philip ist bekannt für seine Nähkünste, ich bin es für das Anfertigen meiner Rüstungen, und Beverly, nun ja, für alles. Wir drei haben alle Bereiche abgedeckt.

Das alles ist ein Beweis dafür, dass man nie weiß, wo man landet oder welche Chancen des Weges kommen können, wenn man sich richtig Mühe gibt, nicht locker lässt und sich neue Fähigkeiten aneignet. Der Besuch von Conventions, auch von denen, die näher zu Hause lagen, erweiterte meinen Horizont, und ich lernte andere Maker kennen. Als ich einmal die Welt der Cosplay-Conventions und sozialen Medien betreten hatte, war ich verblüfft festzustellen, dass Basteln, eigentlich eine einsame Tätigkeit, in Wirklichkeit eine globale Passion ist, die Menschen auf der ganzen Welt teilen. Stürze dich einfach rein und lerne Leute kennen!

COSPLAYER: Von links nach rechts: Philip Odango von Canvas Cosplay, Spicythaidesign und Downen Creative Studios
KOSTÜME: Von links nach rechts: Radagast der Braune aus *Der Hobbit*, Thai-Rüstung und Athene, eigenes Design
Hier sind wir bei der Präsentation in unseren Kostümen zu sehen.

SCHLUSS-WORT

An meinem Lieblingsort, dem Wētā Workshop

Foto von Angela Yip

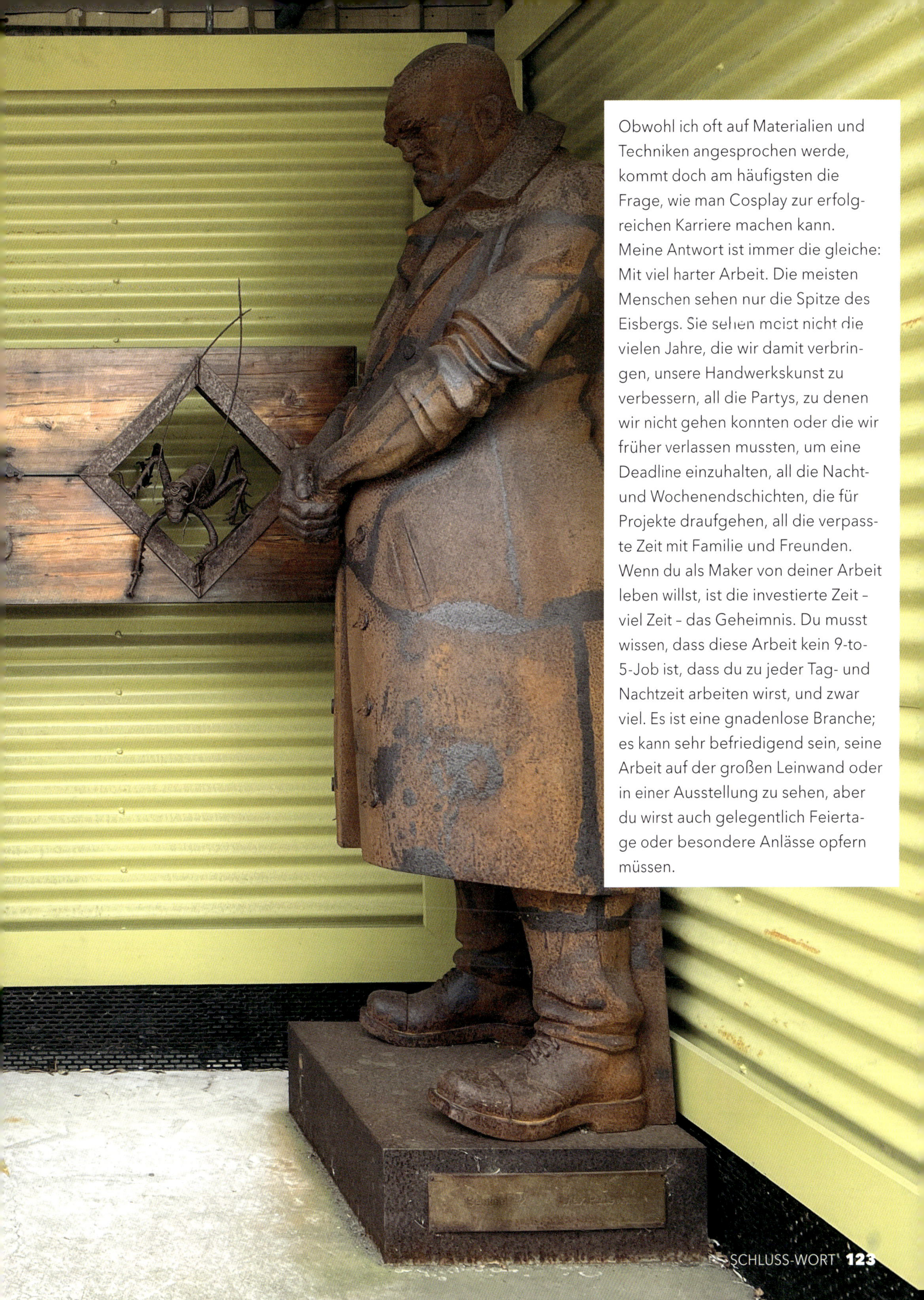

Obwohl ich oft auf Materialien und Techniken angesprochen werde, kommt doch am häufigsten die Frage, wie man Cosplay zur erfolgreichen Karriere machen kann. Meine Antwort ist immer die gleiche: Mit viel harter Arbeit. Die meisten Menschen sehen nur die Spitze des Eisbergs. Sie sehen meist nicht die vielen Jahre, die wir damit verbringen, unsere Handwerkskunst zu verbessern, all die Partys, zu denen wir nicht gehen konnten oder die wir früher verlassen mussten, um eine Deadline einzuhalten, all die Nacht- und Wochenendschichten, die für Projekte draufgehen, all die verpasste Zeit mit Familie und Freunden. Wenn du als Maker von deiner Arbeit leben willst, ist die investierte Zeit – viel Zeit – das Geheimnis. Du musst wissen, dass diese Arbeit kein 9-to-5-Job ist, dass du zu jeder Tag- und Nachtzeit arbeiten wirst, und zwar viel. Es ist eine gnadenlose Branche; es kann sehr befriedigend sein, seine Arbeit auf der großen Leinwand oder in einer Ausstellung zu sehen, aber du wirst auch gelegentlich Feiertage oder besondere Anlässe opfern müssen.

ONLINE ANFANGEN

Mein nächster Rat wäre, die sozialen Medien zu nutzen, aber auf vernünftige Weise. Halte deine Posts positiv und vermeide es, andere schlechtzumachen. Sei aktiv auf deiner Seite und trete mit anderen online in Kontakt. Kommentiere die Posts von anderen, weil dich ihre Arbeit wirklich interessiert, und habe keine Scheu davor, an Menschen heranzutreten, die du bewunderst. Das Gleiche gilt für Cons. Wenn du jemanden siehst, deren Arbeit du toll findest, stelle dich vor. Es sind ganz normale Menschen, und ich bin sicher, dass sie gerne mit dir reden werden. Man weiß nie, wo Netzwerken einen hinführt.

Als ich erstmals begann, Kostüme und Requisiten anzufertigen, wusste ich, dass ich nur dann besser werden würde, wenn ich Feedback einhole. Ich habe meine Arbeiten auf den sozialen Medien gepostet. Das brachte mir sowohl Komplimente als auch Kritik ein, aber ich habe festgestellt, dass die Menschen eher konstruktiv waren und mir Erfolg gewünscht haben. Wenig hilfreiche oder unfreundliche Kommentare ignoriere ich einfach. Statt mich auf Wortgefechte einzulassen, überlasse ich es meinen Freunden, sich einzuklinken und den Verfassern die Meinung zu sagen.

Das Wichtigste aber ist: Hab Spaß! Wenn du Spaß hast und das, was du tust, gerne machst, wird sich das in deinen Fotos und Kommentaren widerspiegeln, und die Menschen werden Lust haben, dir zu folgen.

PERSÖNLICH AUFTRETEN

In den ersten zwei oder drei Jahren meiner Cosplay-Entwicklung habe ich immer Kostüme mit geschlossenem Helm getragen. Es war mir unangenehm, mein Gesicht zu zeigen - nicht, weil ich mich für das Cosplay schämte, sondern weil ich sehr schüchtern war. Es war schwierig genug für mich, mit meinem Körper zu posieren; mir auch noch um mein Gesicht den Kopf zu zerbrechen, hat mich einfach überfordert. Mit der Zeit wurde ich dann selbstbewusster und begann, auch Kostüme zu entwerfen, bei denen man mein Gesicht sah.

Wenn dein Ziel die Filmindustrie ist, bewirb dich per E-Mail oder schick deine Mappe per Post. Wenn möglich, nimm an einer Con Teil, bei der auch das Unternehmen vertreten ist, das dich interessiert. Schicke diesem Unternehmen eine Nachricht und frage, ob sich während der Con jemand deine Mappe ansehen könnte. Es kann auch funktionieren, unangemeldet aufzutauchen, aber es ist besser, deine Mappe gleich den richtigen Leuten zu zeigen. Bei der Con ziehst du ein selbstgemachtes Kostüm an oder bringst Requisiten mit, die du gebaut hast. Es ist immer cooler, die Stücke wirklich zu sehen. Gib ihnen etwas, das sie in die Hand nehmen und sich näher ansehen können.

SEI DU SELBST

Um bemerkt zu werden, musst du dich von der Menge abheben. Denke dir beim Planen eines Kostüms etwas Einzigartiges aus. Wähle einen Charakter, der noch nicht umgesetzt wurde, wie mein Nova aus den Marvel-Comics. Nova ist ein bekannter Charakter, aber im MCU war er bisher noch nicht zu sehen. Wenn ich ihn als Kostüm wähle, stelle ich meine Designer-Fähigkeit unter Beweis, indem ich ein Nova-Kostüm entwerfe, das gut ins MCU passt und trotzdem Elemente aus Comic und Zeichentrick miteinbezieht.

Das zeigt, dass du Redesign beherrschst, aber auch in der Lage bist, aus einem 2D-Design ein tragbares Kostüm zu machen. 2D-Zeichnungen mögen auf dem Papier toll aussehen, aber es erfordert Können, ein Kostüm anzufertigen, das sich mitbewegt; das zeigt deine Problemlösungs-Fähigkeiten.

Versuche, einen bleibenden Eindruck zu hinterlassen. Am besten gelingt das, wenn du einzigartig bist. Ich persönlich bin der Meinung, dass es besser ist, etwas herzustellen, das dich auffallen lässt; die Studios wollen und brauchen aber auch immer Mitarbeiter, die eine exakte Replik eines benötigten Kostüms anfertigen können. Wenn du deine Fähigkeiten zur Schau stellen willst, genau das zu tun, dann sei auf jeden Fall das beste Iron-Man-Kostüm, das sie an diesem Tag zu sehen bekommen! Achte darauf, dass alle Oberflächen glatt sind und die Lackierung perfekt ist.

Ich bin jeden Tag glücklich über meinen Job. Ich hatte das große Glück, über Leute, die ich durch das Cosplay kennengelernt habe, die Gelegenheit zu bekommen, beim Wētā Workshop zu arbeiten. Ich sage den Leuten immer, dass es nicht einfach ist, beim Wētā Workshop reinzukommen, und noch schwerer, dort auch zu bleiben. Ich bin jetzt seit sieben Jahren dabei, und jede Woche denke ich: »Wie toll ist das denn!« Ich habe das Privileg, jeden Tag das zu tun, was ich liebe, und mit talentierten, passionierten Menschen zusammenzuarbeiten. Ich kann von Menschen mit jahrzehntelanger Erfahrung in dieser Branche lernen, und ich nehme nichts als selbstverständlich hin. Mir ist klar, dass viele gern das machen würden, was ich tun darf, und ich habe das Gefühl, dass ich es ihnen und mir schuldig bin, jeden Tag mein Bestes zu geben.

Wenn du nicht in der Nähe eines Studios lebst, eröffne einfach selbst eines! Bei der Fantasy Basel 2018 kam ich mich mit einem Cosplayer ins Gespräch. Er sagte, dass er eines Tages gern bei einem Film mitwirken würde, aber nicht wüsste, wo er anfangen sollte, da es vor Ort keine Studios gab. Wir standen gerade vor dem Swiss Cosplay Family-Stand. Am Stand arbeitete eine Person an einer Leder-Rüstung, eine weitere nähte, eine weitere schnitzte und jemand lackierte sein Space-Gun. »Du hast doch deinen Wētā Workshop bereits«, sagte ich. »Wenn ihr alle zusammenarbeitet, könntet ihr mit Sicherheit einen Kurzfilm produzieren.«

Ich bin fest davon überzeugt, dass die Cosplay-Community voller talentierter Menschen ist, die gemeinsam großartige Projekte umsetzen können. In den letzten Jahren habe ich fantastische Fan-Filme auf YouTube gesehen. Die Kostüme, Requisiten, Drehorte, Darsteller und Spezialeffekte sind super. Das sagt mir, dass die Maker-Community genau so funktioniert, wie es sein sollte – sie arbeiten zusammen und bereichern die Welt.

Abschließend will ich sagen, dass der Schlüssel zu meinem Erfolg in der harten Arbeit und der Freude an meiner Tätigkeit liegt. Ich hoffe, dieses Buch wird auch dich inspirieren, abseits der Norm zu denken und selbst Kostüme und Requisiten anzufertigen. Lass dich von deiner Begeisterung und Kreativität leiten. Setze dich mit anderen Makern in Verbindung, und hab einen positiven, ermutigenden Einfluss auf deine Community. Du weißt nie, wo es dich hinführt.

ÜBER DEN AUTOR

SANIT KLAMCHANUAN ist Künstler, Requisitenbauer und Kostümbildner aus Wellington. Er zeichnet gern und baut coole Dinge. Sanit ist bekannt dafür, seine Kostüme mit seiner persönlichen Ästhetik zu versehen. Er arbeitet beim weltberühmten Wētā Workshop und stellt dort großartige Kostüme für bekannte Filme her. Außerdem reist er um die Welt, um an Cosplay-Conventions teilzunehmen, als Cosplayer und Jurymitglied.

COSPLAYER: Spicythaidesign

KOSTÜM: Thai-Rüstung, eigener Entwurf

Foto von Sylvie Kirkman

IMPRESSUM

SERVICE-HOTLINE

Hast du Fragen oder gibt es ein Problem? Wir helfen dir gern. Ruf uns an oder schreib uns eine E-Mail:
Telefon: 07 11 / 12 37 57 20* *normale Telefongebühren
E-Mail: hilfe@frechverlag.de
Weitere Informationen zum Verlag und zu unserem Programm findest du unter: www.topp-kreativ.de

Für die deutsche Ausgabe:

Übersetzung aus dem Englischen: Johanna Hofer von Lobenstein

Produktmanagement und Lektorat: Eva Schrecklinger

Die englische Originalausgabe erschien 2022 unter dem Titel „Cosplay for you" bei FanPowered Press, einem Imprint von C&T Publishing, Inc., P.O. Box 1456, Lafayette, CA 94549

Covergestaltung: Eva Hook

Herstellung: Petra Theilfarth

Illustrationen: Sanit Klamchanuan

Fotos: Sanit Klamchanuan, wenn nicht anders benannt; S. 16-17: Yothin Chankale / Shutterstock.com; S. 47: K-Smile love / Shutterstock.com

Hintergründe von Shutterstock.com: Wongsakorn Dulyavit, Abstractor, LUMIKK555, benjamas154, Sharaf Maksumov, Automation14, Fotaro1965

Druck: DZS Grafik, Slowenien

1. Auflage 2024

ISBN 978-3-7358-5269-4 • Best.-Nr. 25269

Penguin Random House Verlagsgruppe
FSC® N001967